Jean-Charles Lagrée
Ingrid Therwath
Karyn Poupée

ÊTRE JEUNE EN ASIE

Chine, Inde, Japon

Éditions
Philippe Picquier

L'Asie immédiate
Collection dirigée par Jean-Marie Bouissou

Déjà parus

Les Géants d'Asie en 2025
Chine, Japon, Inde

Internet en Asie
Chine, Corée du Sud, Japon, Inde

Le monde vu d'Asie
Chine, Inde, Japon

Argent, fortunes et luxe en Asie
Japon, Chine, Inde

Mas de Vert
B.P. 20150
13631 Arles cedex

www.editions-picquier.fr

Conception graphique : Picquier & Protière

ISBN : 978-2-8097-1052-6
ISSN : 1251-6007

Jean-Marie Bouissou

Les jeunes d'Asie : trois générations dont notre avenir dépend

Les moins de 30 ans sont environ 600 millions en Chine, 650 millions en Inde et 52 millions au Japon. La jeunesse des trois grands pays d'Asie représente donc plus de 18 % de l'humanité, et elle aura sans aucun doute une influence majeure sur son avenir. La Chine est la deuxième économie de la planète et ne cache pas sa volonté de peser à terme de tout le poids correspondant dans les affaires du monde. Le Japon, malgré la crise dont il peine à sortir depuis bientôt un quart de siècle, est toujours la troisième puissance économique mondiale. Quant à l'Inde, elle se distingue parmi les pays émergents par son énorme poids démographique, par sa position géostratégique en bordure d'une Asie qui devient le nouveau centre de gravité de la planète, par l'importance et la diversité de son potentiel humain et économique encore sous-exploité, et par la résilience dont sa démocratie fait preuve dans un contexte difficile.

Dans le prochain quart de siècle, la génération dont ce livre essaie de faire le portrait formera le cœur de la population active et accédera progressivement aux responsabilités dans ces trois pays. Elle fournira leurs nouvelles élites dans tous les domaines et sera en passe de les diriger. Mais qui sont ces jeunes ? Que pensent-ils ? Comment vivent-ils ? Comment voient-ils leur avenir et celui de leur pays ? D'une certaine manière, ces questions nous concernent tous…

« Jeunesse » ou « génération » ?

Parler de « la jeunesse » est une gageure, tant cette catégorie est mal définie. D'un point de vue administratif, en Inde, comme nous l'apprend Ingrid Therwath, une mère de 35 ans, sa fille de 18 et le bébé de celle-ci peuvent chacun prétendre à des prestations réservées aux « jeunes » ! Pour le sens commun, être « jeune », c'est ne plus être enfant et ne pas encore être adulte. Mais quand cesse-t-on d'être l'un et quand devient-on l'autre ? Le jeune Indien ne devient majeur qu'à 18 ans, mais il est adulte *de facto* dès 14 ans, quand il peut légalement aller à l'usine plutôt qu'à l'école. En Chine, si l'on prend comme critère l'âge avant lequel le mariage leur est interdit, les filles ne sont pas adultes avant 20 ans et les garçons pas avant 22. Au Japon, la cérémonie officielle de « passage à l'âge adulte » (*seijin shiki*) se tient en grande cérémonie le second lundi de janvier dans chaque ville et chaque village, pour tous ceux et toutes celles qui ont eu ou auront 20 ans dans l'année. Mais, comme le montre Karyn Poupée, très peu de ceux qui vont enfin pouvoir boire de l'alcool en public considèrent pour autant qu'ils sont capables d'assumer eux-mêmes leur vie – et encore moins en ont-ils l'envie.

Si l'âge est un critère incertain, il est tentant de penser plutôt en termes de « génération » – en considérant comme une cohorte dotée d'une identité propre ceux qui ont partagé une même expérience marquante dans le temps où ils ont grandi, puis accédé à l'âge adulte. Mais là encore, la question de la délimitation se pose. Par exemple, en Occident, qui peut-on inclure dans la « génération 68 » ? Les acteurs directs de la révolte étudiante et aussi – mais jusqu'où ? – ceux qui en avaient été les précurseurs et ceux qui en furent les témoins conscients, mais un peu trop jeunes pour dépaver les rues. Soit toute la classe d'âge née entre 1943 et 1953… à ceci près qu'un jeune est infiniment plus proche de son cadet d'un ou deux ans que de son aîné de dix, et qu'il le restera toute sa vie.

Toute une jeunesse invisible

Que l'on pense en termes de « jeunesse » ou de « génération », la description qui en est faite reste toujours partielle – dans cet ouvrage comme dans tous les médias et toutes les études du monde, ou presque. Ce qui est décrit ne vaut en règle générale que pour la fraction de la population jeune qui est facilement accessible aux journalistes et aux chercheurs, et qui, pour certains comme les marketeurs, est en outre la seule qui les intéresse.

Ce biais est notamment vrai pour le sondage *2011, la jeunesse du monde* dont il est question plus loin (voir tableau p. 13-16).

La « jeunesse qui intéresse » est pour l'essentiel celle des jeunes urbains connectés à Internet et, parmi eux, surtout ceux des classes moyenne et supérieure : ce sont eux qui sont censés porter tout l'avenir de leur pays, qui consomment et qui sont « prescripteurs » pour le reste de leur classe d'âge. La jeunesse rurale ou tout simplement pauvre reste au-dessous de l'horizon, presque invisible, et plus encore celle des masses de migrants déracinés par la modernisation. Des centaines de millions de jeunes Chinois et de jeunes Indiens n'entrent donc pas dans le tableau. C'est toutefois bien moins le cas au Japon, où la société et sa jeunesse sont plus compactes, sinon parfaitement homogènes.

Deux cohortes dynamiques…

Tout en gardant cette limitation à l'esprit, il est possible de caractériser clairement la génération qui s'apprêtera dans un quart de siècle à prendre les commandes en Chine, en Inde et au Japon. Il s'agit de celle qui est née entre le milieu des années 1980 et celui des années 1990. Dans chacun des trois pays, cette cohorte a accédé à la conscience d'elle-même alors qu'il connaissait un changement radical. En Chine, essor économique explosif et destruction en cours de tout l'ordre communiste au plan social (mais pas politique !). En Inde, des réformes économiques libérales, mais moins brutales, et une croissance soutenue, mais qui ne semble pas encore définitivement acquise. Au

Japon, tout au contraire, une crise interminable, et qui n'impacte pas moins la société que le dynamisme réformateur et la croissance économique ne le font dans les deux autres pays.

En Chine, la génération dont Jean-Charles Lagrée parle ici est celle dont les parents ont vécu l'épreuve chaotique de la « Révolution culturelle », puis ont bâti une société à l'opposé de celle dont ils rêvaient dans leur jeunesse. Ce grand écart traumatisant a été épargné à leurs rejetons, qui ont grandi dans un pays où « souffrance » (des perdants) rime avec « confiance » (en l'avenir), et « brutalités » avec « opportunités ». Il en résulte chez ces jeunes un solide optimisme pour l'avenir en général, et celui de leur pays en particulier. Mais leur satisfaction est moindre s'agissant de leur propre existence, dont l'auteur montre combien elle peut être décevante et rude pour ceux qui n'accèdent aux études supérieures que pour se retrouver ensuite « fourmis » déclassées, et bien plus encore pour ces millions de jeunes migrants qui vendent leur force de travail dans la rue, au jour le jour.

En Inde, si le contexte général est le même, les rapports de force sociaux apparaissent moins à nu (à défaut d'être moins brutaux) et le changement est plus progressif, donc moins traumatisant. Les jeunes sont tout aussi optimistes pour l'avenir que leurs homologues chinois, mais aussi plus satisfaits de leur propre existence et de l'époque dans laquelle ils vivent. A ceci près, les attitudes des jeunes Chinois et des jeunes Indiens face à la vie et à l'avenir se ressemblent assez, comme le montrent les tableaux ci-après.

Jeunes Indiens et jeunes Chinois ont aussi un problème commun : trouver une jeune Indienne ou une jeune Chinoise. Dans les deux pays, les parents doivent souvent choisir entre garçon ou fille, en raison de la politique de l'enfant unique en Chine, et en Inde à cause du fardeau que la dot représente pour les familles. Il s'effectue donc une sélection pré- ou postnatale qui cible les filles, et qui laissera sans femme des dizaines de millions de jeunes hommes – à commencer par les plus pauvres. Nul ne peut prévoir ce qui résultera de leur inévitable frustration. Défoulement dans le nationalisme ? Violences accrues contre les femmes ? Sans doute rien de bon… Mais pour la génération des filles en âge de se marier, auxquelles la surabondance des garçons laisse un large choix et en vertu de l'adage « Tout ce qui est rare est cher », la vie pourrait être meilleure.

… et une déprimée

Tout à l'opposé, les jeunes Japonais nés depuis le milieu des années 1980 n'ont jamais connu qu'un pays en crise et dont la puissance semble décliner. Les médias nippons ont baptisé cette génération *rosu gene*[1]. Le sondage susmentionné la voit comme la plus pessimiste et la moins dynamique du monde, et les observations de Karyn Poupée le confirment : la jeunesse japonaise baigne dans le pessimisme et manque radicalement de confiance en elle, en son pays, en son avenir et en celui de ses enfants – si tant est qu'elle en ait. Elle cherche bien moins les

1- Abréviation de *lost generation* (génération perdue).

opportunités que la sécurité d'un « petit bonheur normal » (*toshindai no shiawase*), et bien que garçons et filles soient ici en nombre égal, beaucoup d'entre eux pourraient préférer le confort du célibat aux risques du mariage. Cette forme de désertion face au « devoir de reproduction » pourrait aggraver de manière catastrophique la dépression démographique que connaît l'Archipel depuis un quart de siècle, et qui menace aujourd'hui de faire du jeune Nippon une espèce en voie de disparition.

Comparaisons et incertitudes

Dans un sondage comme *2011, la jeunesse du monde*, quand pas moins de 26 % des jeunes Indiens interrogés affirment qu'ils se sont rendus à l'étranger depuis un an, le biais sociologique en faveur des catégories les plus aisées saute aux yeux. Le biais culturel est patent aussi, pour qui sait comment vivent les jeunes Japonais, quand 52 % d'entre eux approuvent l'idée que « les relations sexuelles ne devraient être autorisées que dans le cadre du mariage ». Néanmoins, à condition de garder ces limites à l'esprit, ce travail mené avec des moyens considérables permet d'esquisser quelques comparaisons révélatrices.

Ainsi, même si les jeunes Indiens et les jeunes Chinois (des classes moyenne et supérieure !!) communient dans la foi en un avenir meilleur, les premiers sont nettement plus satisfaits de leur sort personnel et les seconds plus confiants dans l'avenir leur pays en général. Ce qui n'empêche pas les jeunes Indiens de se montrer plus « patriotes » que les Chinois – pour ne rien dire des jeunes Japonais qui, sur ce point aussi, apparaissent comme les bons derniers de la classe planétaire.

On peut aussi remarquer à quel point la jeunesse chinoise semble encore faire confiance aux institutions de son pays, et plus encore la jeunesse indienne, championne du monde dans ce domaine. Connaissant les dysfonctionnements de la démocratie, de la police et de la justice dans ces deux pays, on peut être tenté d'interpréter cette confiance affichée dans l'Etat soit par une culture de la crainte vis-à-vis des autorités bien enracinée, soit par le fait que les répondants sont du « côté du manche » en raison du biais sociologique du sondage, soit, très vraisemblablement, par l'addition des deux.

Nous ne reviendrons pas ici sur l'attitude vis-à-vis du monde extérieur des jeunes Indiens et des jeunes Chinois qui affichent – on l'aura deviné – bien davantage de confiance et d'esprit d'aventure que leurs homologues japonais[1]. Nous soulignerons seulement, au regard de ce que nous disent les trois auteurs de cet ouvrage, que l'« occidentalisation » de la jeunesse d'Asie apparaît moins rapide et radicale que l'Occident se plaît à le croire – et, de manière plus générale, qu'il importe de se méfier des interprétations simplistes quand on parle d'elle. Il y a au moins deux bonnes raisons à cela : parce qu'elle est divisée en de multiples catégories et parce que les données documentaires dont nous

1- Sur ce point, voir Jean-Marie Bouissou dans l'introduction de *Le Monde vu d'Asie*, Ed. Philippe Picquier, 2013.

disposons à son sujet sont lacunaires, biaisées et complexes à interpréter. Ces données incertaines sont heureusement complétées ici par la longue expérience des auteurs dans les trois pays étudiés et les entretiens qu'ils y ont eus avec de nombreux jeunes, pour aider le lecteur à se faire la meilleure idée possible de ce que veut dire « Être jeune en Asie » aujourd'hui.

Chinois, Indiens ou Japonais, les jeunes sont-ils... ?

Heureux ou frustrés ?

« Êtes-vous satisfaits de... ?[1] »

	Votre vie dans l'ensemble	La situation générale dans votre pays	L'époque où vous vivez
Moyenne[2]	*77*	*36*	*59*
Chine	71	61	54
Inde	79	47	84
Japon	**45**[3]	**20**	**33**
France	83	25	47

1 - Adapté du sondage *2011, la jeunesse du monde*, réalisé par la Fondation pour l'innovation politique auprès de 25 000 jeunes de 16 à 29 ans dans 25 pays. Téléchargeable sur http://fondapol.org/etude/2011-la-jeunesse_du monde/.

2- *Moyenne* : moyenne des 25 pays étudiés par le sondage.

3- Un chiffre en **caractères gras** indique que ce résultat classe le pays au dernier rang parmi les 25 pays étudiés.

Optimistes ou pessimistes ?

« Êtes-vous d'accord ou non avec les affirmations suivantes ? »

	Mon avenir est prometteur	L'avenir de mon pays est prometteur	Je suis certain(e) d'avoir un bon travail dans l'avenir
Moyenne	*70*	*44*	*70*
Chine	73	82	85
Inde	90	83	92
Japon	**43**	24	**32**
France	63	**17**	49

Confiants en eux-mêmes ?

« Êtes-vous d'accord ou non avec les affirmations suivantes ? »

	Je peux décider moi-même de ma vie	Les gens de mon pays peuvent choisir leur propre vie	On peut changer la société par ses actions
Moyenne	*79*	*70*	*80*
Chine	85	82	84
Inde	90	79	86
Japon	46	64	70
France	76	64	72

Bien intégrés socialement ?

« Êtes-vous d'accord ou non avec les affirmations suivantes ? »

	Je sens que j'appartiens à la société dans laquelle je vis	La société est intolérante avec les gens comme moi	Je suis prêt(e) à payer pour les retraites de mes aînés	C'est important pour moi de contribuer au bonheur des autres
Moyenne	*73*	*26*	*50*	*86*
Chine	79	25	77	79
Inde	89	49	85	89
Japon	64	48	**35**	**66**
France	56	28	50	86

Nationalistes et patriotes ?

	Ma nationalité est importante pour mon identité	Ma langue est importante pour mon identité	Je suis fier(ère) des riches de mon pays	J'ai confiance dans l'armée de mon pays	Je suis prêt à mourir à la guerre pour mon pays
Moyenne	*70*	*76*	*30*	*60*	*43*
Chine	73	79	67	84	71
Inde	93	85	57	93	76
Japon	54	63	24	**36**	**11**
France	63	76	**16**	58	33

Confiants dans les institutions ?

« Avez-vous confiance dans… ? »

	Le gouvernement de votre pays	Les médias de votre pays	La police de votre pays	La justice de votre pays
Moyenne	*35*	*37*	*53*	*46*
Chine	71	54	64	64
Inde	71	72	71	74
Japon	26	26	41	47
France	**17**	23	47	42

Jean-Charles Lagrée

Jeunesse chinoise. Les enfants de la « Grande Ouverture »[1]

Une génération n'est pas une simple cohorte statistique qui réunit des individus ayant vécu plus ou moins au même moment le même événement (naissance, entrée au collège, mariage…). C'est une construction qui résulte d'un changement profond dans le contexte de socialisation d'une classe d'âge déterminée. On attribue aux membres de chaque génération une « contemporanéité » symbolisée par un phénomène ou un événement qui est supposé leur conférer un certain degré d'unité et d'identité, et auquel renvoie le nom qu'on lui donne.

Toutefois, comme il a été dit en introduction, l'appellation qu'on attribue à une génération ne lui confère qu'une unité de façade. En Chine, en particulier, le fossé qui ne cesse de s'approfondir entre villes et campagne, riches et pauvres, ou classes moyennes

1- Pour les sources des données utilisées dans ce chapitre, voir p. 121 à 123.

et migrants au sein des mégapoles, crée des univers hétérogènes au sein de la « jeunesse » comme dans la population en général. Il faut toujours garder cela à l'esprit en lisant ce chapitre.

I – Qui sont les jeunes Chinois d'aujourd'hui ?

Un problème pour les dirigeants

Quels qu'aient été ses avatars successifs, la jeunesse a toujours posé problème aux dirigeants chinois. Elle était déjà une de leurs préocupations majeures avant les événements de Tiananmen en 1989. A ce moment-là, le problème était la cohabitation de quatre générations différentes : celle de la Longue Marche, celle du Grand Bond en avant, celle de la Révolution culturelle, et la génération montante actuelle, dont l'identité s'est formée dans un contexte de modernisation économique et sociale accélérée depuis la « Grande Ouverture » initiée par Deng Xiaoping à partir de 1978.

Bien que la culture confucéenne ait été continûment dénigrée en Chine depuis un siècle, certains de ses fondamentaux y sont toujours bien présents. Ses deux piliers que sont la hiérarchie des âges et celle des obéissances ont résisté à la révolution de 1919, à l'avènement du communisme en 1949, et à la tourmente de la Révolution culturelle dans les années 1960. Aujourd'hui encore, ces hiérarchies facilitent beaucoup la régulation des rapports entre des générations très différentes. Pour autant, un fossé existe entre ceux qui ont mis en chantier la société socialiste, ceux qui ont traversé l'épreuve de la Révolution culturelle, et la jeune génération actuelle qui se tourne vers un avenir très différent de celui que ses parents avaient voulu bâtir. Ce fossé se creuse d'année en année, au point que les dirigeants y voient désormais un défi majeur pour la cohésion sociale et nationale.

Les rejetons d'une « génération perdue[1] »

Entre 1968 et 1980, dans le cadre de la Révolution culturelle, près de 17 millions de jeunes Chinois instruits des deux sexes – la moitié d'une génération – ont été envoyés à la campagne : ce sont les *zhiqing* (jeunes instruits). Puis un grand nombre des anciens Gardes rouges qui les avaient persécutés ont été à leur tour « rééduqués ». On sait que les personnes qui ont vécu des événements historiques dramatiques ne parlent pas, ou peu et très tardivement. La Chine n'a pas échappé à cette règle. Les luttes pour la succession de Mao Zedong, puis les réformes en cours depuis trois décennies ont recouvert d'une chape de silence le traumatisme de la Révolution culturelle. Ceux qui l'ont vécue, bourreaux comme victimes, sont devenus une génération silencieuse, qu'on a parfois qualifiée de « perdue ».

Cette génération est revenue des campagnes et des camps de rééducation au moment où les réformes de la « Grande Ouverture » commençaient à faire

1- Expression de Michel Bonnin, *Génération perdue*, Ed. de l'EHESS, 2004.

naître une société nouvelle. Les anciens tenaient toujours les commandes, notamment politiques, mais l'économie en plein essor offrait de nouveaux types d'emplois, une mobilité inédite, et de nouvelles perspectives d'enrichissement. Ce changement rapide creusait le fossé générationnel. Les *zhiqing* et les anciens Gardes rouges avaient alors entre 25 et 35 ans. Les plus chanceux sont entrés ou retournés à l'université. Ils ont progressivement trouvé leur place dans la société, au moment même où les réformes et la croissance économique commençaient à faire disparaître le contexte dans lequel leur génération s'était formée.

Depuis le tournant du siècle, leurs rejetons prennent place à leur tour sur la scène sociale. Formée au moment où les réformes économiques et sociales produisent leur plein effet, cette jeunesse a des valeurs, des attentes et des styles de vie très différents de ceux de ses parents : la génération de la Révolution culturelle a bâti pour la suivante un monde tout à l'opposé de ses propres rêves de jeunesse.

Une jeunesse fracturée

Quand on parle d'« une génération », le singulier est trompeur, et particulièrement en ce qui concerne la jeunesse chinoise d'aujourd'hui. Si – pour reprendre une expression souvent utilisée – « la grande majorité des Chinois sont sur le tapis roulant de la modernité et du développement », certains courent tandis que d'autres piétinent. Les inégalités s'exacerbent de manière gigantesque et les différences de conditions de vie et de culture sont de plus en plus marquées, au point de menacer le projet de « société harmonieuse » tant vantée par les dirigeants du Parti.

L'essor économique permet aux médias chinois de répéter à tous les échos qu'une nouvelle modernité est en marche. Mais c'est avant tout dans les villes, et surtout dans celles du littoral, que le confort, le consumérisme et les loisirs se sont répandus, alors que les campagnards vivent souvent au seuil de la pauvreté (fixé à l'équivalent de 1,30 euro[1] par jour et par personne), voire au-dessous pour au moins 10 % d'entre eux. C'est la jeunesse de la classe moyenne urbaine émergente qui s'est construite en adoptant des symboles de modernité, des comportements, des valeurs et des modèles culturels largement empruntés à l'Occident. Les jeunes des zones rurales et les *mingong* (travailleurs migrants) sont eux aussi acteurs du changement, mais ils n'en profitent pas, ou peu. Dans un pays encore officiellement communiste, un profond fossé de classe se creuse au sein même de la jeunesse, et s'ajoute à celui qui la sépare de la génération de ses parents.

Les enfants uniques d'une société vieillissante

En 1979, pour contrôler sa démographie, la Chine a adopté la politique de l'enfant unique. Surnommés les « petits empereurs » (*xiao huangdi*), ces enfants uniques étaient 150 millions en 2012

1- Au taux de 1 euro pour 8,5 yuans (avril 2014). Ce taux est utilisé dans tout cet article.

dans la classe d'âge des 12-19 ans, soit 11 % de la population totale. Cette politique a atteint son objectif de limiter la croissance démographique, mais elle a trois conséquences majeures. La première est un vieillissement déjà spectaculaire de la Chine : entre 2000 et 2011, les moins de 14 ans sont tombés de 22,3 % à 16,6 % de la population, et les plus de 60 ans sont passés de 10,2 % à 13,2 %. La seconde, plus lointaine mais déjà prévisible, est que ces jeunes devront supporter une masse considérable d'inactifs, et auront une retraite tardive et difficile à financer. Enfin, la troisième conséquence pourrait être un déclin global du dynamisme de la Chine, qui risque fort d'« être vieille avant d'être riche », ce dont la génération aujourd'hui jeune pâtirait pour le reste de sa vie.

II – La jeunesse et l'éducation. Espoirs et déboires

Mieux éduquer pour une nouvelle croissance

Aujourd'hui, la Chine entend développer une « économie de la connaissance », afin de dépasser le statut statut d'« atelier du monde », sur lequel sa croissance repose depuis trois décennies. Elle entend aussi mettre l'accent sur le développement du marché intérieur, comme l'ont déclaré le président Hu Jintao, dans son discours de fin de mandat en 2012, puis le Premier ministre Li Keqiang en 2014 devant le 12e Congrès national du peuple.

Ce ne sera pas chose aisée à l'échelle du pays, même si en 2012 le revenu moyen mensuel par ménage à Shanghai atteignait déjà l'équivalent de 3 361 euros. Les classes moyennes, qui représentent déjà 300 millions de consommateurs selon les estimations hautes, vont certainement doubler d'ici 2022, mais les moins favorisés voudront aussi leur part de la société de consommation. Développer le marché intérieur tout en préservant la paix sociale exigera donc d'augmenter significativement les salaires. Pour passer à cette nouvelle étape de croissance, fondée sur une production à plus forte valeur ajoutée et l'essor de la consommation, la Chine a donc besoin d'une main-d'œuvre mieux qualifiée grâce à une meilleure éducation.

Depuis 2000, dans le cadre des 10e et 11e plans quinquennaux, le système universitaire entend répondre à ce besoin. Résultat : entre 2005 et 2010, le nombre d'inscrits dans l'enseignement supérieur a augmenté de plus d'un tiers. Il a atteint 31 millions, dont 22 millions en premier cycle (+ 43 %), et celui des diplômés a augmenté de 1,5 million. Les jeunes de plus en plus nombreux qui bénéficient ainsi d'une éducation supérieure semblent bien placés pour réussir. Pourtant, seule une fraction d'entre eux y parvient à la mesure de ses attentes. Il y a là une menace pour la cohésion sociale et un grave problème pour l'intégration de la nouvelle génération.

L'essor de l'enseignement supérieur

Le type d'éducation qu'une génération reçoit est fondamental pour sa construction sociale. Dans les années 1960, en Occident comme au Japon, le passage d'un système éducatif visant à former une « élite » à une éducation de masse a été essentiel pour la formation de la « Génération 68 ». La Chine connaît aujourd'hui un processus similaire. En 2013, 9,15 millions de jeunes ont obtenu l'équivalent de notre baccalauréat, soit 27 % de la classe qui arrivait à l'âge de le faire. Parmi ces heureux candidats, 69 % ont trouvé une place à l'université (soit 18,5 % de la classe d'âge). C'est encore peu en pourcentage, mais cela représente tout de même 20 millions d'étudiants. Cette révolution du système éducatif est un puissant facteur pour que se forme une génération qui soit vraiment « nouvelle ».

La distance entre la Chine et les grands pays développés reste considérable : en France, plus de 77 % des jeunes en âge d'avoir leur bac en 2014 (ceux nés en 1996) l'ont décroché, et près de 55 % devraient poursuivre leurs études au-delà. Cette comparaison montre quel fossé existe encore en Chine entre la masse des jeunes qui restent à la porte des universités, même si leur niveau de formation s'améliore, et la minorité de ceux qui y accèdent.

Toutefois, pour ces derniers, le diplôme n'est pas un sésame garanti pour le succès. On peut fort bien réussir sur le marché du travail chinois sans avoir de diplôme, alors que certaines formations universitaires s'avèrent très peu rentables par rapport aux efforts et au lourd investissement consentis par les étudiants et leur famille.

Une éducation stressante et coûteuse

La Chine est encore loin de pouvoir satisfaire toute la demande d'éducation de sa jeunesse. Il en résulte, comme dans les autres pays asiatiques, une intense compétition qui débute dès le plus jeune âge pour s'inscrire dans les meilleures écoles afin de maximiser ses chances d'entrer à l'université, et si possible dans les meilleures. La socialisation des jeunes s'effectue dans un contexte stressant, avec très peu de temps libre. En 2007, un rapport indiquait qu'à Pékin moins de 20 % des élèves du primaire pratiquaient des activités extrascolaires, et que guère plus regardaient la télévision ou jouaient avec leurs camarades. Pas moins de 70 % étudiaient chez eux le soir après l'école, contre seulement 43 % à Tôkyô et 34 % à Séoul – pourtant deux hauts lieux de la compétition scolaire. Les conséquences peuvent être désastreuses. Outre le stress, 10 % des élèves abandonnent leurs études chaque année. Quant au suicide, pour lequel les statistiques sont toujours incertaines, son taux chez les étudiants serait supérieur à la moyenne chinoise, qui est l'une des plus élevées du monde (plus de 22/100000 habitants).

Le système d'éducation souffre aussi d'un manque de moyens. Alors que l'objectif du gouvernement pour 2000-2010 était d'y investir 4 % du PIB par an, l'effort n'a jamais dépassé 3 %. Une raison en est le débat au sein du Parti entre deux options contradictoires : donner la priorité à l'amélioration de la formation de base pour tous ou à la formation d'une élite dont la nation a besoin ? Trop investir dans le système universitaire réduirait les chances de la masse de la population d'avoir accès à une bonne éducation de base. Résultat : les universités doivent demander des droits d'inscription qui ne cessent d'augmenter. Ils varient aujourd'hui de 5000 à 10000 yuans (590 à 1 175 euros) par an.

Ces droits ne sont pas seulement ressentis comme un fardeau injuste qui interdit aux enfants des familles modestes d'accéder à l'enseignement supérieur. Ils creusent aussi le fossé entre elles et les classes moyennes émergentes. En Chine comme ailleurs, le système éducatif est au cœur du processus de reproduction sociale – avec cette double particularité qu'il réussit aujourd'hui non seulement à pérenniser la domination de l'élite dirigeante, mais aussi à légitimer la formation de nouvelles classes privilégiées… dans une société censée ne pas en avoir.

Les « fourmis », ou le rêve brisé de la réussite sociale

L'investissement des familles chinoises dans l'éducation de leurs rejetons se nourrit de la culture confucéenne, qui y accorde une place essentielle, et de la croyance que le diplôme constitue le viatique qui assure automatiquement un « bon emploi ». Mais ce rêve est de plus en plus loin de la réalité. En 2013, presque 7 millions de jeunes ont quitté l'université avec une licence, une maîtrise ou un diplôme professionnel, mais le nombre d'emplois disponibles pour ces nouveaux diplômés avait diminué de 15 % par rapport à l'année précédente. De ce fait – alors que la règle, en Chine comme au Japon, est que les étudiants décrochent une promesse d'embauche avant la fin de l'année universitaire – la moitié des jeunes en passe d'obtenir un diplôme n'en avaient pas encore trouvé une au moment de quitter l'université ; à Shanghai ils étaient 56 %, et 72 % à Pékin. Et le taux de chômage des jeunes diplômés excédait 17 %, alors qu'il n'était que de 4 % pour ceux qui n'étaient pas passés par l'université.

Aux diplômés chômeurs, il faut ajouter ceux qui doivent accepter en désespoir de cause un travail déqualifié et sous-payé. Selon une étude de 2011, il y en avait alors plus d'un million dans les grandes villes, qui gagnaient à peine l'équivalent de 490 euros par mois, alors que les aides-ménagères ou les travailleurs migrants illégaux peuvent gagner jusqu'au double. Ces salaires misérables les forcent souvent à habiter en commun dans des logements sordides – d'où le surnom de *ants* (fourmis) dont on les affuble, car « ils vivent tous ensemble et ne font que travailler ». Ceux qui n'ont pas de *hukou*[1] sont en outre menacés d'être renvoyés dans leur province natale. Pour ces jeunes, qui sont bien souvent les premiers de leur famille à avoir accédé à l'université, l'échec de leur rêve de promotion sociale est une cruelle désillusion, qui les mène à des maladies psychosomatiques et parfois au suicide.

1- Le permis qui autorise à résider dans une ville.

Formations inappropriées, débouchés encombrés

Beaucoup des « fourmis » sont victimes de choix de spécialisation inappropriés. Trop souvent, les jeunes qui réussissent l'examen d'entrée croient avoir fait l'essentiel : ce succès assoit leur statut auprès de leur famille, leurs amis et leurs réseaux, surtout s'ils sont entrés dans une université de Pékin. Sur le petit nuage où ils flottent alors, ce qu'ils étudient n'a que peu d'importance à leurs yeux : du moment qu'on est à Pékin, peu importe qu'on passe quatre ans à étudier le « travail social » ou autre chose ! Ils s'aperçoivent trop tard que cette formation n'a pas de débouché – et, pire, qu'elle les ramènera là d'où ils viennent, dans une petite ville en zone rurale.

Toutefois, l'étude citée plus haut révèle que presque un tiers des « fourmis » sortiraient d'universités prestigieuses et seraient diplômées dans des disciplines très prisées (médecine, études d'ingénieur, économie, management). Ce paradoxe apparent s'explique par trois facteurs. Le premier est que le système éducatif chinois produit aujourd'hui trop de diplômés qualifiés, quels qu'ils soient : en principe, la Chine en a besoin pour changer de modèle économique, mais, dans les faits, la création d'emplois ne suit pas. En outre – deuxième facteur – il est difficile aux jeunes diplômés chinois de trouver un travail ailleurs qu'en Chine, car leur formation est insuffisante au regard des standards internationaux. Le diplôme en droit, par exemple, s'obtient en quatre ans, alors qu'en France le cursus dure sept ou huit ans. Il en est de même pour la plupart des autres disciplines.

Le troisième facteur est l'existence sur le marché du travail d'un conflit de générations, dont les jeunes sont les perdants. Le cas des diplômés en droit est caractéristique. Dans les années 1990, ils avaient de larges débouchés car la Révolution culturelle avait presque fait disparaître l'espèce. Aujourd'hui, bien que la Chine soit en passe de devenir une société de droit où les tribunaux sont de plus en plus sollicités, nombre de jeunes diplômés ne trouvent pourtant pas d'emploi, car la génération recrutée juste au début de la Grande Ouverture est encore en activité et les créations de postes restent parcimonieuses.

Une éducation « sans valeur » ?

Ces problèmes que rencontrent les nouveaux diplômés nourrissent un certain scepticisme sur l'utilité même de la formation universitaire. Comme le constate un expert, Josie Lu : « Au début de la Grande Ouverture, l'idée que l'éducation ne servait à rien était répandue parmi les jeunes, qui voyaient des gens qui n'en avaient presque aucune s'enrichir rien qu'en vendant des vêtements ou des fruits. Ensuite, l'éducation a été hautement valorisée, parce que les diplômés étaient très demandés tant par le secteur public que par les grandes entreprises. Maintenant que le nombre de jeunes diplômés et le coût des diplômes ne cessent d'augmenter alors que l'accès au marché du travail devient plus difficile, certains se demandent à nouveau si le jeu en vaut la chandelle. » Le désamour s'installe entre les étudiants et les études, au point que très peu d'entre eux envisagent d'augmenter leurs chances sur le marché du travail en poursuivant jusqu'à la maîtrise, et encore moins au-delà.

Cette réticence a aussi des racines culturelles. Comme au Japon et dans d'autres sociétés confucéennes, entrer à l'université est une réussite en soi. N'importe quel diplôme vaut certificat de cette réussite, et celui qui en possède un considère qu'il suffit à lui « donner droit » à un bon emploi. Après de longues années de dur labeur pour accéder à l'université, l'étudiant ne voit ainsi nul besoin (et n'a nulle envie) de poursuivre des études longues, peut-être risquées, pendant lesquelles il ne gagnera rien et qui lui rapporteront peu par rapport à la dépense et aux efforts qu'il devra encore consentir pour obtenir un master ou un doctorat.

Cette vision des choses a longtemps été pertinente et le reste encore en partie dans un pays comme le Japon. Mais elle ne l'est plus en Chine, depuis que l'université produit un nombre toujours croissant de diplômés alors que le marché du travail qualifié n'est pas (encore) assez développé pour absorber la masse des titulaires d'une licence qui s'y présentent chaque année tous en même temps. Ils ont tous le même âge, le même niveau de diplôme et la même absence d'expérience professionnelle. Ceux qui n'ont pas les bonnes relations n'ont le choix qu'entre réduire le niveau de leurs attentes ou prolonger leurs études d'un ou deux ans pour se présenter sur le marché du travail plus qualifié, sur lequel la compétition est moins intense. Mais même cette stratégie n'est pas gagnante à tous les coups : l'étude citée plus haut révèle que 7 % des « fourmis » auraient au moins un master, alors qu'à peine 2 % des étudiants poursuivent jusqu'à ce niveau.

III – La jeunesse au travail – ou au chômage

L'insuffisance des statistiques

En Chine, le soupçon de falsification des statistiques ne peut jamais être complètement écarté. En outre, s'agissant du travail, les catégories statistiques existantes (activité, chômage, temps partiel) n'y ont qu'une pertinence limitée. Comment mesurer « emploi » ou « chômage » alors que la loi qui oblige depuis 2007 employeur et employé à signer un contrat de travail est encore largement ignorée, au point que 40 % des employés du secteur public eux-mêmes n'en auraient pas ? Comment classifier les travailleurs migrants sans papiers – plusieurs centaines de millions – qui vendent leur force de travail dans la rue en écrivant sur des morceaux de carton ce qu'ils peuvent faire ? Et faut-il qualifier d'« actifs » ou de « en formation » les jeunes de plus en plus nombreux qui oscillent entre les deux, en prenant avantage des nombreux programmes de formation mis en place par le gouvernement ?

Conflit de générations pour l'emploi

Dans les pays développés, la main-d'œuvre se compose de divers segments qui coexistent ou entrent en compétition selon la conjoncture : jeunes *vs* vieux, hommes *vs* femmes, locaux *vs* migrants… Selon les périodes et les pays, chacun de ces segments est plus ou moins favorisé en fonction des choix sociétaux. Par exemple, le choix de protéger l'emploi des hommes adultes, considérés comme chargés de famille, au détriment des jeunes supposés ne pas l'être, est largement répandu en Europe.

En Chine, depuis le début des réformes, les cohortes nées pendant ou juste après la Révolution culturelle ont eu le temps de sécuriser leurs positions sur le marché du travail. Les classes d'âge suivantes y trouvent donc peu de place, d'autant plus qu'elles sont gonflées par un afflux incessant de jeunes ruraux vers les villes. De 2001 à 2007, alors que 10 millions de ces nouveaux migrants arrivaient chaque année sur le marché du travail urbain, les moins de 35 ans représentaient 70 % des sans-emploi. Il existe clairement un conflit de générations majeur sur le marché du travail chinois.

Les aînés ont accédé au marché du travail qualifié au meilleur moment, quand la demande croissait sans que la réforme du système éducatif ait encore produit une offre suffisante. Nous l'avons vu avec les professions juridiques : même mieux qualifiés que leurs aînés, les jeunes diplômés se heurtent à une situation où ceux-ci sont en place, et vont encore y rester pendant des années. Ce blocage générationnel est largement responsable du paradoxe existant entre la pénurie de main-d'œuvre qualifiée et le fait qu'un nombre toujours croissant de diplômés éprouvent de grandes difficultés à trouver un emploi, même au prix d'une déqualification.

Une jeunesse mal préparée au marché du travail

Une autre raison de cette difficulté est que, dans un pays où avoir un emploi était un droit pour les générations qui les ont précédés, les jeunes Chinois sont mal préparés à la dure réalité de la compétition pour l'emploi. Ce phénomène a aussi été observé en Russie après la chute du régime soviétique, où certaines municipalités ont dû mettre en place des programmes pour initier les jeunes aux pratiques du nouveau marché du travail libre, compétitif et flexible.

Dans la Chine d'aujourd'hui, deux marchés du travail coexistent. Celui du secteur public est strictement régulé par l'Etat, mais le marché libre, à peine encadré par quelques règles que les autorités peinent à faire appliquer, est le théâtre d'une lutte sauvage pour l'emploi dont les jeunes sont les principaux perdants. Passer de l'un à l'autre est risqué : dans mon université, j'ai vu un jeune employé du bureau international, insatisfait de son poste, passer dans le secteur privé et revenir peu après en catastrophe pour le reprendre. Certains jeunes parmi les plus habiles parviennent à avoir un pied dans le marché libre tout en conservant des garanties dans le secteur public. Mais les entretiens avec ceux qui ont tâté du premier révèlent en général désappointement et désenchantement.

Les jeunes Chinois changent très facilement d'emploi. Dans la France de la fin des années 1970, les jeunes confrontés à la précarisation du travail avaient la même stratégie, changeant d'emploi et même parfois de ville ou de région. La différence est que, dans la Chine d'aujourd'hui, la croissance permet encore aux jeunes d'envisager un avenir meilleur. Surtout dans les villes, la flexibilité est encore pour eux un moyen – fût-il le seul – d'accroître et de diversifier leur expérience professionnelle pour surfer sur un marché du travail extrêmement instable, mais qui reste – à la différence de tant d'autres ! – globalement porteur.

IV Sexe, mariage et famille

Les comportements sexuels sont un indicateur très révélateur des changements sociaux et culturels. Au-delà de l'intimité, ils ont des répercussions sur la structure familiale, la formation des couples, le mariage, les relations entre genres mais également entre parents et enfants. Ils annoncent ainsi les possibles transformations à venir de la parentèle et de la sociabilité.

Dans la Chine contemporaine, les changements dans la sexualité des jeunes sont souvent présentés comme une « révolution » qui attesterait l'« avènement de la modernité ». Toutefois, les enquêtes disponibles fournissent une image beaucoup plus nuancée. Si important et significatif qu'il soit, le changement des mœurs est lent, progressif et ne bouscule pas la tradition. Pour comprendre ce qui est en jeu, il faut donc se référer au contexte historique et culturel.

La Chinoise, de Confucius à Mao

Le cadre qui régit les relations entre les genres en Chine a été façonné il y a plus de deux mille ans par le confucianisme, qui a inspiré à l'historienne Ban Zhoa (*ca* 45-120) le grand classique *Leçons pour les jeunes filles*. La première est qu'elles doivent « se placer après tous les autres »...

Confucius définit le rapport homme-femme comme une relation hiérarchique établie par le Ciel. Il convient donc que les femmes observent les Trois Obéissances : à leur père et à leurs frères aînés lorsqu'elles sont jeunes, puis à leur époux, puis à leurs fils quand elles sont veuves. Ainsi étaient-elles, du berceau jusqu'à la tombe, des êtres sous dépendance. Elles n'avaient le droit ni de choisir leur mari, ni de divorcer, ni de se remarier en cas de veuvage. Elles devaient aussi observer les Quatre Vertus : habilité au travail ménager, impassibilité, politesse et soumission, chasteté.

La sexualité et, plus largement, les relations hommes-femmes étaient entièrement centrées sur la reproduction. La femme n'existait en tant que telle que par sa fonction reproductive qui, dans une société patriarcale, consistait à avoir une descendance mâle. Mariée, son statut restait précaire jusqu'à la naissance d'un fils.

Ce statut a commencé à s'améliorer avec la loi sur le mariage de 1950, qui entendait protéger les intérêts des enfants et des femmes. Elle a interdit la polygamie, conféré des droits égaux aux deux sexes et réglementé le mariage et le divorce. Ces principes ont été réaffirmés en 1954 dans la Constitution de la République populaire. Leur mise en pratique a été lente, mais la situation des femmes s'est améliorée significativement grâce à un accès plus large à l'emploi.

Il en a résulté pour elles un poids croissant dans les décisions concernant les affaires familiales. Dans les années 1990, une série d'enquêtes révélaient qu'à Shanghai 25 % des femmes se présentaient comme étant le vrai chef de famille, et 45 % déclaraient partager avec leur mari le pouvoir de décision. A Pékin, seulement 11,5 % des maris avaient le dernier mot dans les affaires familiales, contre 16 % des femmes (la décision étant partagée dans les autres cas). A Nankin, 40 % des maris faisaient les courses et la cuisine, et à Shanghai, maris et femmes partageaient les tâches ménagères dans 71 % des foyers. Il semble qu'on était déjà loin des *Leçons pour les jeunes filles*…

Le sexe ? Une question longtemps secondaire

Pour autant, les normes touchant la sexualité restaient strictes et conservatrices. Seules étaient réputées acceptables les relations hétérosexuelles dans le cadre du mariage. Etaient explicitement illégaux non seulement l'homosexualité et autres « comportements déviants », la polygamie et la prostitution, mais aussi les relations sexuelles pré- ou extramaritales. La pornographie et la simple nudité étaient bannies dans les publications, et toutes les activités sociales susceptibles d'avoir une implication sexuelle, y compris la danse, pouvaient être soumises à un contrôle sévère. Plus généralement, la sexualité était regardée avec un certain mépris, comme une activité de peu d'importance, y compris dans le cadre du mariage, en sorte que les autorités n'hésitaient pas à séparer des centaines de milliers d'époux pour des raisons professionnelles.

La jeunesse renâclait. En 1978-1979, quand un souffle de contestation est passé sur la Chine avec le mouvement du « Mur de la démocratie », certains des *dazibao* qui y étaient affichés demandaient une plus grande liberté sexuelle. Dix ans plus tard, le sujet est réapparu lors du mouvement de la place Tiananmen. Mais même après cette révolte spectaculaire, les enquêtes réalisées auprès des jeunes montraient que la Chine était encore loin de vivre cette « révolution sexuelle » que certains observateurs occidentaux se plaisaient à décrire.

Sans doute, dans les années 1990, l'âge des premiers rapports s'est fait plus précoce, et les relations avant ou hors mariage plus fréquentes. Toutefois, un silence pudique pesait toujours sur le sexe : c'était un « mot malpoli » qu'on ne prononçait pas. Surtout, ce sujet semblait sans grand intérêt. Interrogée en 2003, une jeune femme déclarait encore qu'il ne représentait que 10 à 15 % de ses priorités et de celles de ses amies. Dans les enquêtes, les réponses étaient remplies de contradictions[1] : la plupart des jeunes déclaraient être « satisfaits de leur vie sexuelle » en général, mais cette assertion était souvent démentie dès qu'on entrait dans les détails. Les rapports pré- ou extramaritaux restaient mal acceptés par la société. Une étude résumait bien cette situation en évolution en concluant : « Beaucoup tentent d'améliorer leur plaisir sexuel, mais ils le font secrètement, car ils ne sont pas sûrs que cela soit considéré comme acceptable. »

Bref, si les comportements étaient en passe de se libéraliser au moment où la Grande Ouverture prenait son essor, la sexualité restait un sujet secondaire, et le tabou qui l'environnait était loin d'être levé.

La Chine se décoince-t-elle ?

Dans la Chine traditionnelle, c'est le mariage qui marquait l'entrée dans une sexualité active, et dans la RPC la politique de contrôle des naissances tendait à le retarder. Dans un premier temps, la Grande Ouverture

1- Ce constat invite à se méfier des statistiques fondées sur les seules déclarations des personnes interrogées, notamment pour l'âge des premiers rapports sexuels (ce qui est vrai aussi dans bien d'autres pays que la Chine).

n'a guère modifié cette situation. Dans les années 1980, l'âge moyen au mariage a même été repoussé à 25,2 ans pour les hommes et 24,5 pour les femmes, suite aux campagnes pour imposer l'enfant unique. Il a fallu attendre les années 1990 pour voir apparaître les premiers signes d'une déconnexion entre l'activité sexuelle et le mariage, et une légère augmentation de la fréquence des relations prémaritales. L'âge médian des premiers rapports est tombé à 22,5 ans pour les deux sexes, mais à peine un quart des jeunes – garçons ou filles – « débutaient » avant 20 ans.

Aujourd'hui, l'âge médian des « débuts » se situerait toujours autour de 22 ans. C'est bien plus tard qu'en France et aux Etats-Unis (17-17,5) ou dans les pays scandinaves (16-17). En Asie, cela place les jeunes Chinois dans la partie haute d'une fourchette qui va de 23 ans (Malaisie) à 19 ans (Taiwan), voire 17 ans au Japon selon certaines sources. En d'autres termes : même si les jeunes Chinois se libèrent un peu, à l'instar de leurs homologues asiatiques, la plupart des *teenagers* de la RPC resteraient encore vierges aujourd'hui. Toutefois, la libération semble plus prononcée sur un autre point : selon le très officiel *Quotidien du peuple*, 86,5 % des jeunes déclaraient en 2012 avoir eu des relations sexuelles avant le mariage, contre seulement 15 % en 1988.

Sexe et mariage

Au plan du mariage, la Chine se distingue très nettement des autres pays asiatiques. Dans les plus développés d'entre eux (Japon, Corée, Singapour), l'âge moyen pour convoler se situe à 29-30 ans pour les femmes et 31-33 ans pour les hommes. En Chine, les jeunes se marient en moyenne à peine deux ans après que la loi leur en donne le droit – à 22 ans pour les femmes (ce qui correspond à l'âge moyen de leurs « débuts ») et à 24 ans pour les hommes.

On constate donc qu'il existe chez eux un décalage entre les mœurs (pratiques sexuelles), qui évoluent, et les normes (le mariage), qui restent solides. Le rapprochement entre la fréquence accrue des relations avant le mariage et la hâte des jeunes à convoler suggère d'ailleurs que ces rapports prémaritaux ne sont rien de plus qu'une avance sur le futur. La sexualité prémaritale admise par le *Quotidien du peuple* lui-même, loin de remettre la norme en cause, apparaît comme un simple élargissement de la « zone de tolérance ». La plupart des jeunes Chinois continueraient à faire l'apprentissage de la sexualité avec leur seul futur conjoint, en précipitant juste un peu les choses. La Chine se distingue ici très nettement de l'Occident, où une dizaine d'années séparent les premiers rapports sexuels du mariage ou de l'installation dans une relation stable, et où les jeunes ont généralement plusieurs partenaires pendant cette période.

La précocité du mariage peut être aussi expliquée en partie par la prégnance persistante de la norme qui oblige les femmes à être établies avant leurs 30 ans, au-delà desquels elles sont traditionnellement considérées comme *sheng nu* (incasables). Dès 27 ans, elles entrent dans une « zone dangereuse » où les pressions parentales se font de plus en plus insistantes.

Au-delà de ce tableau général, on retrouve le clivage entre villes et campagnes, mais également entre les grandes villes selon les provinces. A Pékin, l'âge moyen du mariage approche de 28 ans pour les hommes et dépasse 26 pour les femmes. A Shanghai, ils attendent jusqu'à plus de 32, et elles frôlent désormais la trentaine fatidique.

Le grand déficit de femmes[1]

On sait que la politique chinoise de l'enfant unique se traduit par un fort déficit de filles à la naissance : seulement 100 pour 118 garçons, et jusqu'à 138 dans certaines régions. Les experts estiment qu'il manque aujourd'hui 60 millions de femmes en RPC. De ce fait, près de 10 % des hommes ayant aujourd'hui entre 20 et 34 ans ne pourront pas trouver de conjointe ; selon la Banque mondiale, ils seront 20 % en 2020, et plus de 30 % en 2030 ! Un journaliste qui demandait à un jeune homme quel genre d'épouse il voudrait s'est vu répondre : « Le problème est plutôt de savoir si je pourrai en trouver une. »

Mais ces statistiques portent sur l'ensemble du pays, alors que de plus en plus de jeunes filles quittent les villages pour les villes. Le déficit s'accroît donc dans les campagnes, où les jeunes hommes le

1- Sur ce point, voir François Godement, « La Chine en 2025 », *in Les Géants d'Asie en 2025*, Ed. Philippe Picquier, 2013.

plus souvent sous-éduqués perdent tout espoir de se marier, alors que les zones urbaines sont mieux loties. Et paradoxalement, alors qu'il y a pénurie d'épouses, de plus en plus de jeunes femmes tombent dans la « trappe des 30 ans ». En 2010, selon le *Global Times*, Pékin comptait 500 000 *sheng nu*. Il s'agit surtout de diplômées engagées dans une carrière professionnelle qui les absorbe complètement. Rien n'est simple en Chine et, une fois encore, la norme et les pratiques apparaissent en décalage.

Révolution ou évolutions ?

A la question de savoir si une « révolution sexuelle » est en train de se produire dans la jeune génération chinoise, la réponse est donc nuancée. Une libéralisation des mœurs est en cours depuis les années 1980, et ce processus s'accélère. Mais il ne faut pas le surévaluer ni exagérer son impact sur l'institution matrimoniale et les normes qui régulent les rapports entre les genres et entre les générations. En outre, le changement des mœurs reste pour l'essentiel dans le cadre fixé par la culture et la tradition – comme le montre la comparaison entre le modèle de l'apprentissage sexuel en Occident et en Chine.

Les valeurs attachées à la virginité y sont aussi plus résilientes, comme le soulignait pour le *Quotidien du peuple* un chercheur de l'Académie des sciences sociales de Shanghai : « On peut prédire que l'activité sexuelle des jeunes Chinois avant le mariage ou la cohabitation s'accroîtra à mesure qu'elle sera moins dissimulée [...]. Mais notre jeunesse, élevée dans l'éthique chinoise traditionnelle qui valorise la virginité, n'accepte toujours pas les idées occidentales touchant la liberté sexuelle et la recherche du plaisir. » Nos propres entretiens avec des étudiantes de Shanghai le confirment : le « modèle sexuel chinois » résiste, et la nouvelle génération joue le « changement dans la continuité » plutôt que la rupture avec la tradition.

La remise en cause du modèle familial traditionnel

Dans la Chine d'aujourd'hui, le modèle traditionnel de la famille se trouve fortement remis en question. Ce phénomène concerne l'ensemble de la société, même si ce sont les villes, et surtout leurs classes moyennes émergentes, qui sont les plus concernées. Plus encore qu'une aspiration générale à la « modernité », ce sont les conditions d'existence de la nouvelle génération qui ébranlent le plus fortement la structure familiale et les normes de comportement sexuel. Aujourd'hui, la cohabitation entre étudiants et étudiantes est une pratique courante, et les agents immobiliers ne cillent même plus lorsqu'un couple non marié vient louer un logement. A l'inverse, de plus en plus de jeunes en couple vivent séparés, parfois à plusieurs centaines de kilomètres l'un de l'autre. Les médias les ont baptisés « LAT » (*living apart together*). Ce genre de séparation peut résulter d'un choix délibéré de ne pas cohabiter avant le mariage tout en étant engagé dans une relation stable. Mais le plus souvent, il est imposé par la recherche d'emploi ou par la volonté d'éviter de trop longs trajets entre domicile et travail (jusqu'à trois heures par jour à Pékin ou Shanghai).

Une autre tendance aura des conséquences majeures sur les rapports entre générations : la décohabitation des parents et des enfants. La famille chinoise rassemblait traditionnellement trois générations sous le même toit, en sorte qu'elle suppléait aux carences du système de soins pour les personnes âgées. C'est pourquoi, à Shanghai, les appartements construits pour les nouvelles classes moyennes apparues avec la Grande Ouverture étaient au minimum de 90 m^2, mais le plus souvent de 150, voire 200. L'idée était que les grands parents assureraient avec bonheur la garde de leurs petits-enfants, permettant ainsi aux deux parents de travailler ; le moment venu, ces derniers s'occuperaient à leur tour de leurs vieux parents. Cette solidarité familiale incarnait la valeur cardinale de la culture confucéenne : la famille et le respect des anciens.

Pour autant, dès 2000, la taille moyenne des foyers chinois est tombée à 3,6 personnes, et à 3,1 en 2010. En 2003 le *China Daily* notait : « On compte aujourd'hui 60 % de familles nucléaires, et cette proportion va s'accroître. L'amélioration des conditions de vie modifie les attentes des couples mariés. » En 2010, le Comité national sur le vieillissement déplorait que plus de la moitié des personnes de plus de 60 ans vivent séparément de leurs enfants, et plus de 70 % dans certaines mégapoles : « Les jeunes s'en vont vivre sans leurs parents et développent rapidement de nouvelles valeurs. » On peut y voir l'effet combiné du prix exorbitant des logements dans les grandes villes et du refus des jeunes Chinoises de cohabiter avec leurs beaux-parents, pour ne pas tomber sous la tutelle de leur belle-mère. On voit donc aussi se multiplier les maisons de retraite pour ceux dont les enfants ne peuvent (ou ne veulent) pas s'occuper, ou qui préfèrent ne pas les gêner.

Entre sexualité prémaritale, propension plus grande à cohabiter sans être mariés, démonstration publique de signes d'affection sans ambiguïté et fin du silence sur les sujets ayant trait au sexe[1], les signes d'évolution sont multiples. S'il ne s'agit pas encore d'une « révolution », le changement des mœurs de la jeunesse chinoise met aujourd'hui nombre de valeurs traditionnelles en porte-à-faux – voire en cause. Et pas seulement au plan du sexe et de la famille.

V – Quelles valeurs pour les jeunes Chinois ?

Un pays qui n'a plus de valeurs ?

En 2012, le président Hu Jintao a déclaré : « La Chine est devenue un pays qui n'a plus de valeurs. Elle est orpheline aussi bien de sa culture traditionnelle que du socialisme maoïste. » Car, même si le Parti reste un canal de mobilité sociale et un moyen

1- Sur ce point, voir Séverine Arsène, « Internet en Chine », *in Internet en Asie*, Ed. Philippe Picquier, 2013.

de faire carrière prisé jusque par les jeunes, derrière la rhétorique officielle, on ne croit plus à ses dogmes ni aux valeurs collectivistes qui ont guidé les générations précédentes. À la Chine du « nous » et des « masses » a succédé celle du « je » et de l'individu. Une nouvelle époque est en train d'advenir, et toute la génération qui est aujourd'hui en voie de socialisation vivra dans une Chine à l'opposé de celle dans laquelle ses parents ont été éduqués. Cela est certain – mais à quel point ?

Rappelons-le encore : la jeunesse chinoise est hétérogène. Le fossé qui sépare les jeunes des campagnes ou des petites villes de ceux des métropoles concerne aussi les valeurs. Faute d'études suffisantes, les observations qui suivent ne concernent que les seconds. En outre, les valeurs sont un objet difficile à cerner. Définies au plus simple, ce sont les « grands principes moraux qui servent de repères aux individus dans la conduite de leur vie ». Pour en parler, que faut-il donc étudier : les principes ou les pratiques ?

Ainsi en est-il des valeurs familiales. Le discours officiel les présente toujours comme un élément essentiel de supériorité de la Chine sur l'Occident : « Chez nous, on n'abandonne pas ses parents », dit-on encore fièrement. Mais, comme on l'a vu, cela est de moins en moins vrai dans la pratique. Pour rassembler ce qui reste des grandes familles chinoises, il n'y a plus guère que la fête du Printemps (*Chun Jie*) et celle des Morts (*Qing Ming*). On compte désormais 10000 divorces par jour en RPC, et leur nombre ne cesse d'augmenter.

Et la jeune génération assume – comme cet étudiant qui me confiait : « Je me souviens encore de la déception de mes parents quand j'ai quitté la maison. Les parents veulent que leurs enfants restent près d'eux, au sein d'une famille traditionnelle. Mais nous, nous avons un point de vue différent. »

La guerre pour les « valeurs chinoises »...

Tout au long du « siècle des humiliations[1] », les élites chinoises ont stigmatisé la culture traditionnelle de leur pays et les valeurs qui y étaient associées. Les fonctionnaires du dernier empereur les considéraient déjà comme archaïques et paralysantes, tout comme les modernisateurs du mouvement du 4 mai 1919, et le très vénéré Sun Yatsen aussi bien que Mao Zedong, qui donna mission à ses jeunes Gardes rouges d'éradiquer les « Quatre Vieilleries » (vieilles idées, vieille culture, vieilles coutumes, vieilles habitudes), en commençant par Confucius.

Aujourd'hui, tout au contraire, les dirigeants de la RPC n'ont de cesse de rappeler à leurs compatriotes que la patrie est forte d'une culture qui a cinq mille ans d'histoire, et de la glorifier. Dans la grande compétition pour le *soft power*, la Chine a fait de Confucius sa marque de fabrique officielle : les équivalents de nos instituts et alliances français(es) ont été baptisés Instituts Confucius, et pas loin de 500 ont été créés à travers le monde en dix ans (2004-2014).

1- La période qui va de la première guerre de l'opium (1839-1842) à la prise du pouvoir par les communistes (1949).

Dans son discours de 2012 sur la « Chine sans valeurs », Hu Jintao glorifiait ses « cinq mille ans d'histoire », et déclarait : « La Chine est engagée dans une guerre culturelle avec l'Occident. » Tout comme son intégrité territoriale, l'intégrité culturelle de la patrie doit être défendue contre « les forces internationales hostiles qui intensifient leur complot stratégique [*sic*] pour occidentaliser et diviser la Chine ».

... et la désertion des jeunes

Néanmoins, il suffit de demander aux jeunes Chinois quels sont leurs films, leurs acteurs ou leurs chanteurs préférés pour voir qu'ils sont bien plus attirés par les productions occidentales que par celles de leur pays ou, plus largement, par les productions asiatiques. Pour eux, les fameux « cinq mille ans d'histoire » sont exactement cela : de l'histoire, qu'on apprend à l'école et qu'on s'empresse d'oublier une fois l'examen passé...

Il suffit de parcourir rapidement la presse et les réseaux sociaux pour voir ce qui les passionne : la pop, la folk music aussi bien anglo-saxonne que chinoise, le rap chinois qui parle des difficultés de leur quotidien malgré la censure, le hip hop, les compétitions de skateboard sponsorisées par les grandes marques, le sport en général, et particulièrement le basket-ball, omniprésent en milieu scolaire. Si Confucius ne dit plus rien aux jeunes Chinois, le géant Yao Ming, qui a brillé en NBA pendant neuf saisons du haut de ses 2,29 mètres, leur parle.

Pour autant, il s'en faut que la nouvelle génération chinoise ait « basculé en Occident ». Entre lui et la Chine, elle reste sur une ligne de crête et s'invente ses propres références. *Le pouvoir des sans pouvoir*, *Le village attaque les villes* : les titres des albums de Cui Jian (53 ans, dont plus de trente ans de carrière), considéré comme le père du rock chinois, reflètent une thématique qui n'a rien d'« occidental ». Dou Wei a vendu un million d'albums de *Don't break my heart*, mais d'autres de ses titres ont une résonance autrement plus « chinoise » (*Miroir*, *Fleur*, *Destination*). Côté groupes, Tang Music surfe à la fois sur le rock, la folk music et la musique traditionnelle ; et les Hongkongais de Beyond, trente ans de scène, sont l'un des groupes les plus influents de la scène rock autant en Chine qu'en Malaisie ou au Japon.

Les jeunes Chinois d'aujourd'hui se trouvent à une croisée des chemins. La foi révolutionnaire qui animait encore la génération de la Révolution culturelle a disparu, mais les « valeurs chinoises » réinventées par les dirigeants sont loin d'avoir la force d'attraction qui leur permettrait de remporter la fameuse « guerre culturelle avec l'Occident ». Dans ce contexte, rien d'étonnant si l'on assiste au retour d'une valeur au moins aussi traditionnelle en Chine que le confucianisme : le matérialisme[1].

1- Sur ce point, voir Jonathan Siboni, « Le luxe en Chine », *in Argent, fortunes et luxe en Asie*, Ed. Philippe Picquier, 2013.

Le grand retour du matérialisme

En janvier 1992, quand Deng Xiaoping a lancé à ses compatriotes son fameux « Enrichissez-vous ! », il prêchait des convaincus. Dans un pays qui ignore toutes les réticences que le judéo-christianisme nourrit à l'égard de l'argent, en gagner est une passion nationale que le communisme n'a fait que mettre (officiellement) entre parenthèses pendant trois décennies. La nouvelle génération de jeunes Chinois n'a donc aucune réticence à s'y adonner, ni à l'avouer.

En 2010, un exemple caricatural a été donné dans une émission de TV réalité par la jeune Ma Nuo, qui a fait grand bruit en proclamant du haut de ses 20 ans : « Je préfère pleurer dans la BMW de mon petit ami que sourire sur son vélo ! » L'opinion de la demoiselle est largement partagée, à voir les affichettes apposées sur la place du Peuple à Shanghai ou dans le parc du Temple du Ciel à Pékin par des jeunes femmes en quête d'une âme sœur : « A moins de 4 000 yuans[1] par mois, inutile d'essayer ! » Aujourd'hui à Shanghai, comme le constate un chercheur, « ne pas avoir d'argent ni la possibilité d'en trouver rapidement vous excluent du marché sexuel ».

Question style de vie, la jeunesse chinoise nourrit des rêves individualistes des plus classiques : une maison spacieuse et confortable (43 %) et un bon

---

1- Soit 475 euros. C'est considéré comme un salaire enviable par les étudiants titulaires d'un master en études juridiques et administration qui entrent sur le marché du travail…

emploi (42 %), qui constituent aussi le sésame pour se marier et fonder une famille. Sur ce plan, comme on l'a vu, la jeunesse chinoise reste traditionnelle. Environ 70 % des hommes et 50 % des femmes veulent convoler et avoir un enfant avant la trentaine. Et pour cette grande occasion, 90 % des jeunes de Hong Kong (pourtant censés être les plus occidentalisés) veulent des festivités traditionnelles à la chinoise, dont le coût oscille entre 1 et 2 millions de yuans (117 000 à 235 000 euros).

La patrie ? Ma foi...

La jeunesse de la RPC est patriote. Les Jeux olympiques de 2008, l'Exposition universelle de Shanghai en 2010, ou les cinq vols spatiaux habités réalisés par la Chine depuis 2003 sont autant d'événements qui nourrissent sa fierté d'être chinoise. Après les manifestations et les incidents qui ont marqué le passage de la flamme olympique à Paris, une jeune étudiante est venue me dire en me regardant droit dans les yeux : « Je n'irai plus jamais à Carrefour ! » A mon cours, un garçon s'est levé pour déclarer, toutefois sans hostilité : « Je suis fier d'être chinois. » « La Chine est l'avenir du monde », « la Chine offre beaucoup plus de chances de réussir qu'ailleurs » et autres déclarations du même genre se retrouvent dans tous les entretiens que j'ai réalisés ces dernières années.

Nonobstant cette fierté et cette dignité retrouvées, les jeunes Chinois se montrent peu enclins à se mobiliser. Alors que la RPC est le théâtre de tensions et de confrontations sociales croissantes, que la question de la démocratisation se pose de manière récurrente et que la censure sévit sur Internet[1], 43 % des jeunes prisent avant tout la stabilité de la société. Au plan politique, les études comparatives indiquent qu'ils ne se distinguent guère de ceux des autres pays asiatiques, sinon par une moindre propension à s'impliquer activement, une attitude moins critique à l'égard des dirigeants et une moindre confiance dans les vertus de la démocratie : héritage communiste oblige toujours !

Sur les points chauds, l'agitation séparatiste au Xinjiang et ailleurs inquiète plus qu'elle ne mobilise. S'agissant des contentieux territoriaux avec le Japon, les Philippines ou le Vietnam, les commentaires sont révélateurs : « C'est l'affaire du gouvernement, il va régler ça ! » Et à ma question délibérément provocatrice : « Êtes-vous prêts à mourir pour le Tibet, le Xinjiang, Taiwan ou les îles Diaoyu[2] ? », la réponse des jeunes est claire : c'est non ! Toutefois, – et comme le montre le sondage présenté en introduction – ce constat ne préjuge en rien de ce qui pourrait advenir dans le futur, si les tensions régionales continuent à s'accroître et les nationalismes à s'exacerber, ou si la croissance économique venait à se terminer.

*

* *

1- Sur ce point, voir Chloé Froissart, « La démocratie en Chine », *in Démocraties d'Asie*, Ed. Philippe Picquier, 2015.

2- Nom chinois des Senkaku, que la Chine dispute au Japon.

Une génération n'existe que pour autant qu'elle diffère clairement de la précédente (et de la suivante). A cet égard, il est certain qu'une vraie rupture existe entre celle des jeunes Chinois d'aujourd'hui et celle de leurs parents. Les années 1980, première décennie de la Grande Ouverture, apparaissent bel et bien comme une période où un nouveau cadre de socialisation s'est mis en place. Toutefois, ce changement n'a pas encore produit pleinement tous ses effets. En outre, une génération se construit aussi toujours dans une dialectique du changement et de la continuité – et cela est vrai en Chine comme ailleurs, quelle que soit l'ampleur du bouleversement économique et social qui a métamorphosé le pays en trois décennies. Parler de « révolution » à propos des changements socioculturels portés par la jeunesse chinoise d'aujourd'hui semble donc très largement inapproprié.

Ingrid Therwath

La jeunesse en Inde[1] Une question de genres

L'Inde est un pays jeune. En 2011, plus de 35 % de sa population avait moins de 15 ans, 45 % moins de 18, et presque 54 % moins de 24 ans. D'ici 2030, pas moins de 241 millions de jeunes devraient entrer sur le marché du travail. Cette vitalité démographique, longtemps perçue comme un frein à la croissance, est désormais envisagée comme un atout pour le dynamisme économique du sous-continent.

Alors que le sort des enfants indiens attire depuis le XIXe siècle l'attention de la classe politique et des organismes caritatifs, la jeunesse en tant que telle n'est apparue dans les médias et dans le discours public que depuis une quinzaine d'années. On vante son audace, on convoite l'énorme marché potentiel qu'elle représente, on se félicite de sa soif d'éducation, on s'inquiète des maltraitances dont elle

1- Pour les sources des données utilisées dans ce chapitre, voir p. 123-124.

peut être victime… Cette attention nouvelle portée aux jeunes semble liée à l'entrée du pays dans une nouvelle phase de son développement. Mais qui sont ces jeunes ? Quelles sont leurs habitudes, leurs préoccupations, leurs aspirations, leurs valeurs ?

Difficile à dire, car en dépit de l'intérêt récent que l'on porte à la jeunesse en Inde, il n'existe que très peu de données à son sujet. En outre, la taille du sous-continent et son hétérogénéité régionale, religieuse, linguistique, de classes et de castes, rendent très difficile d'analyser la jeunesse indienne comme un bloc – tout comme la jeunesse chinoise.

I – Un enjeu nationaliste postcolonial

L'enfance dans la culture traditionnelle de l'Inde

Quand cesse-t-on d'être un enfant pour devenir « jeune » dans la culture et la société indiennes ? La question n'est pas simple. Le psychanalyste Sudhir Kakar a été le premier à y répondre, dans un ouvrage célèbre de 1979[1] où il analyse les grands classiques de la culture indienne et hindoue – les védas, la médecine traditionnelle ayurvéda, les *Lois de Manu*[2], le *Mahabharata,* le *Ramayana* et certains textes littéraires médiévaux célèbres. L'enfance y

1- *Indian Childhood: Cultural Ideals and Social Reality*, Oxford University Press.

2- Corpus juridique que l'on date entre le Ve siècle BC et le IIe AC. Sur ce point, voir Max-Jean Zins « Le luxe en Inde », *in Argent, fortunes et luxe en Asie*, *op. cit.*

débute avant même la naissance, dès la conception. C'est à ce moment que, conformément à la croyance dans le cycle des réincarnations, s'incarnent les « parties subtiles » de l'individu formées par l'ensemble de ses vies antérieures. Cette croyance mène à accorder une grande importance aux développements embryonnaire, puis fœtal, considérés comme les stades pendant lesquels la personnalité du futur individu « prend corps » en symbiose avec la mère. Dans cette optique, les rêves et les envies de la femme enceinte sont considérés comme des manifestations d'un caractère déjà présent, sinon formé.

Kakar souligne aussi à quel point la préférence pour les fils, omniprésente dans la quasi-totalité des textes classiques, l'était encore dans l'Inde des années 1970. Cette préférence persiste de nos jours, comme nous le verrons plus loin. La naissance d'une fille, même si elle peut permettre à sa famille de nouer des alliances matrimoniales profitables, est toujours moins bien accueillie que celle d'un héritier. Engendrer un fils est un devoir social, mais tout autant religieux, car c'est lui qui accomplira les rites funéraires de ses parents.

Kakar insiste aussi sur l'existence de différents « âges » successifs auxquels on accède par des rites de passage spécifiques. Selon l'ayurvéda, cinq phases rythment le développement psychomoteur, affectif et social de l'individu, qui se détache progressivement de la mère pour accéder à l'univers des adultes : la période fœtale, l'âge du nourrisson jusqu'à 6 mois, la petite enfance jusqu'au sevrage complet à 2 ans, l'enfance jusqu'à 5 ans, puis la jeunesse qui s'étend de 5 à 16 ans. Le passage de l'une à l'autre phase est marqué par des rites élaborés, comme la cérémonie de la première tonsure, effectuée vers l'âge de 2 ans, qui marque l'abandon du duvet infantile et l'entrée dans l'enfance.

A ce découpage de type à la fois médical et moral s'ajoute un séquençage de nature sociale et religieuse : l'« état des devoirs » (*ashrama dharma*), que l'on trouve dans les *Lois de Manu*. Celles-ci dénombrent quatre phases de la vie. La première concerne les hommes de 5 à 27 ans, c'est-à-dire qu'elle inclut nos « jeunes ». Jusqu'alors, l'enfant a vécu avec sa famille. A son cinquième anniversaire, il quitte le giron maternel pour être placé sous l'autorité d'un maître (gourou), auprès de qui il vit généralement et qui lui enseignera la science, la logique, la philosophie mais aussi la discipline, l'ascèse et, pour certaines castes, les arts de la guerre. A la subordination totale due aux parents succède la subordination totale au maître. Ce n'est qu'après cette étape que le jeune homme pourra fonder une famille et accéder aux responsabilités.

Enfin, il existe aussi un idéal de l'enfance incarné par les figures enfantines des dieux Rama et Krishna. La geste de chacun d'eux est encore très vivante dans le folklore et la culture populaire de l'Inde contemporaine, où ils représentent l'âge de l'innocence comme une période de proximité avec le divin.

L'enfance indienne : un enjeu nationaliste

La principale limite des travaux de Kakar est qu'ils sont fondés uniquement sur des textes hindous qui concernent les garçons de haute caste. Ils ne disent rien de ceux des autres castes, rien des filles, et rien non plus des populations et des apports culturels non hindous, à commencer par les apports musulmans. La principale raison est que Kakar participe d'une entreprise nationaliste de revalorisation de la culture et de l'éducation indiennes et hindoues mises à mal par les Britanniques.

Il n'est pas le seul : c'est tout le discours contemporain sur la jeunesse indienne qui s'est placé dans une perspective postcoloniale. Il a été construit en réaction au fait que les Britanniques, pour justifier la mise en tutelle des Indiens, les présentaient comme un peuple immature et cruel avec les plus jeunes. L'Angleterre avait fait de la « protection de l'enfance indigène » un des multiples alibis du colonialisme. En réaction, les élites de l'Inde postcoloniale ont donc voulu rendre à l'enfance et à la jeunesse leur spécificité nationale, en présentant les pratiques traditionnelles d'éducation et de socialisation comme aussi valides que les modèles occidentaux.

En 2008 encore, au sortir d'une conférence sur ce sujet à New Delhi, une sociologue hollandaise remarquait : « Ce qui m'a le plus frappée, c'est que mes collègues indiens voient l'enfance comme un champ de bataille de l'indianité. [...] Ils partagent largement l'idée que les Indiens doivent encore libérer l'enfance indienne de l'héritage colonial. » La controverse, provoquée en 2012 par le placement d'office des deux enfants d'un couple indien résidant en Norvège, s'inscrit dans la même logique de dénonciation de l'« impérialisme culturel occidental », confortée par le fait que certaines des pratiques reprochées aux parents (dormir avec son enfant, le nourrir de sa main) sont considérées en Inde comme parfaitement normales.

Entre la conception de l'enfance à l'époque coloniale et celle de l'époque contemporaine, comme le remarque la chercheuse Sarada Balagopalan, il existe toutefois un point commun central : elle est généralement présentée comme « en danger ». Entre enfants des rues abandonnés, filles mariées très jeunes et maltraitées, voire sacrifiées sur le bûcher funéraire de leur mari, et travail des jeunes enfants, les autorités comme les ONG de toute nature conçoivent avant tout les petits Indiens comme des êtres vulnérables qu'elles doivent protéger.

L'invention tardive de la jeunesse indienne

A la différence de l'enfance, la jeunesse n'a guère retenu l'attention des autorités indiennes avant les années 1970, quand le sous-continent a vu arriver à l'adolescence la classe d'âge la plus nombreuse qu'il ait jamais connue, issue du baby-boom qui avait suivi l'accession à l'indépendance en 1947. Cette explosion démographique était grosse de menaces, à commencer par le chômage et la politisation d'une jeunesse incarnée à l'écran par Amitabh Bachchan, la star de Bollywood emblématique du « jeune homme en colère » dans une société en transition. C'est à ce moment que l'Inde (et elle n'a pas été la seule !) a découvert sa jeunesse, en même temps qu'elle était bousculée par l'urbanisation, le déclin (relatif) du modèle familial traditionnel, le consumérisme, l'individualisme et les mouvements de contestation planétaires comme, l'opposition à la guerre du Vietnam ou la révolte étudiante de 1968.

Des historiens français, comme Philippe Ariès, et britanniques, comme Hugh Cunningham, ont évoqué l'« invention de l'enfance » dans leurs pays respectifs. En Inde, on peut plutôt parler d'abord d'une « invention de l'enfance en danger », puis d'une « invention de la jeunesse » comme période méritant une considération à part. En 1972, dans un des premiers ouvrages à ce sujet, on pouvait lire ceci : « La jeunesse est d'une certaine façon une invention du XXe siècle, du moins en Asie et plus particulièrement en Inde. Avant, il n'y avait pas d'adolescence. En Inde, les bébés naissaient et restaient des enfants jusqu'à ce qu'ils aient une valeur économique. Ils devenaient alors des adultes et étaient reconnus comme tels avec cérémonie. A la campagne, dès que les garçons étaient en mesure de mener les troupeaux ou d'aider leur père aux champs, ils cessaient d'être des enfants. Les filles s'occupaient des plus petits puis relayaient leur mère dans les tâches domestiques. Garçons et filles étaient mariés jeunes : les garçons à l'adolescence et les filles parfois plus tôt encore. Ils ne restaient enfants que très brièvement et devenaient soudainement adultes. »

C'est en 1974 que les autorités ont lancé les premiers plans interministériels pour l'enfance. Celle-ci n'avait jamais été aussi nombreuse, en raison du recul de la mortalité infantile, même si l'Inde reste encore un des pays qu'elle touche le plus (1 655 000 décès d'enfants de moins de 5 ans en 2011, près de sept fois plus qu'en Chine). Un débat s'est engagé pour savoir si cette explosion démographique allait nuire à la croissance du sous-continent ou lui être bénéfique ; il s'est conclu par la victoire des tenants du « dividende démographique », selon lesquels le grand nombre des jeunes en âge de travailler allait stimuler l'essor économique du pays[1]. A partir des années 1990, les aspirations de la jeunesse – du moins celles de sa partie urbaine et masculine – ont fait l'objet d'études et d'une attention médiatique croissantes. Cette attention a été déclenchée par la mobilisation des étudiants issus des hautes castes contre l'augmentation des quotas réservés à ceux de basses castes au titre de la discrimination positive. Elle a ensuite été soutenue par l'apparition d'un mode de consommation proprement adolescent, qui a suscité l'intérêt à la mesure des enjeux économiques considérables qu'il comporte.

1- Sur ce point, voir Christophe Jaffrelot, « L'Inde à l'horizon 2025 », *in Les géants d'Asie en 2025*, Ed. Philippe Picquier, 2012.

Qui est « enfant », qui est « jeune » ? La grande confusion

En dépit de cet intérêt qu'on leur porte depuis quatre décennies, il n'existe pas en Inde de définition claire de ce que sont l'enfance et la jeunesse. Entre ONG, chercheurs universitaires et administration, les spécialistes de ces questions travaillent très peu ensemble. Au niveau du gouvernement fédéral, il existe un ministère des Femmes et du Développement infantile d'une part, et de l'autre un ministère de la Jeunesse et des Sports. Le premier ne donne aucune définition de l'enfance. Jusqu'au tournant du siècle, on cessait légalement d'être enfant dès 14 ans, quand l'école n'était plus obligatoire et que les parents pouvaient envoyer leurs rejetons travailler à l'usine et les marier en toute légalité. Aujourd'hui, une série de lois ont repoussé la frontière de l'enfance à la majorité civile et sexuelle, fixée à 18 ans. Cette évolution doit beaucoup à la Convention internationale des droits de l'enfant (CIDE), destinée à combattre le travail et l'exploitation de l'enfant, ratifiée par l'Inde en 1992.

La CIDE définit l'enfance comme la période depuis la naissance jusqu'à 18 ans. Néanmoins, le flou continue à régner dans l'administration indienne. Pour le ministère de la Jeunesse et des Sports, la jeunesse va en principe de 15 à 35 ans, mais certains documents qui en émanent évoquent les 16-30 ans. Pour sa part, le ministère de la Santé et de la Protection familiale définit la jeunesse comme la classe des 15-24 ans. Un *think tank* proche des pouvoirs publics, le *Centre for the Study of Developing Societies* (CSDS), donne même deux définitions dans deux rapports différents (15-35 et 18-33 ans). Ainsi, selon les statistiques auxquelles on se réfère, trois générations de « jeunes » peuvent vivre dans la même famille : une grand-mère de 35 ans, sa fille de 17 ans et le bébé de cette dernière – chacune des trois pouvant se prévaloir de certaines mesures gouvernementales pour la jeunesse.

Mais quelle que soit la manière dont on définit cette catégorie, la jeunesse indienne d'aujourd'hui vit des réalités très différentes selon la région, la communauté, la caste, la religion, le niveau de vie des familles, et plus que tout, selon le genre.

II – Tous les garçons et les filles de cet âge

Jagruti l'« Eveillée »

Le 16 décembre 2012, le viol collectif d'une jeune femme éduquée de la classe moyenne, dans un bus de New Dehli, a choqué tout le pays et attiré l'attention des médias internationaux sur le sort des femmes indiennes. La victime est devenue le symbole national de toutes les violences faites aux filles et aux femmes dès le début de leur vie. La loi interdisant que son identité soit révélée, les médias lui ont donné de multiples surnoms : pour le quotidien *Times of India*, elle était Nirbhaya (l'Intrépide), Amanat (Trésor) pour la chaîne d'information NDTV, Jagruti (l'Eveillée) pour le magazine *Outlook*, ou encore Damini (Eclair), en référence à un film évoquant les violences contre les femmes. *Outlook* en a fait sa « femme de l'année

2012 », expliquant que « cette victime a réveillé la conscience de la nation au sujet de l'horreur que les bébés, les filles et les femmes supportent tous les jours en silence. Notre Jagruti est une battante, une inspiration, un catalyseur pour le changement. »

Si le changement paraît si pressant, c'est que la réalité a de quoi affoler les Indiens. En 2012, 327 experts du genre réunis par la fondation Thomson Reuters ont classé 19 pays en fonction des conditions de vie de leur population féminine : l'Inde est arrivée seizième, après l'Arabie Saoudite et juste avant l'Afghanistan, le Congo et le Pakistan. Les fondements de cette maltraitance remontent à l'Antiquité. Les *Lois de Manu* sont très claires : « Rien ne doit être fait de façon indépendante par une jeune fille, une jeune femme ni même une femme âgée, même dans sa propre maison. » Au XVIe siècle, le poète Tulsidas dit mieux encore dans le *Ramcharitmanas*, un des textes les plus connus de la littérature indienne : « Un tambour, un péquenot, une personne de basse caste, une bête sauvage, une fille, bats-les tous ! » Mais, si la violence à l'égard des femmes ainsi a des racines culturelles très anciennes, elle s'est encore aggravée depuis les dernières décennies du XXe siècle, au point qu'aujourd'hui le premier défi que rencontre une Indienne, c'est simplement de pouvoir naître.

Naître ou ne pas naître

Près de la plupart des maternités indiennes, on trouve des pâtisseries ou des cafés vendant gâteaux et sucreries, que les familles distribuent à leurs proches pour fêter une naissance – s'il s'agit d'un garçon. Celle d'une fille est généralement vécue comme une grande déception, un fardeau, voire une trahison de la femme envers son mari, sa belle-famille et son clan. Pendant les noces, une bénédiction courante à la jeune épousée est « Puisses-tu avoir cent fils » : jamais « une fille », encore moins cent ! Dans le Nord du sous-continent, à la naissance d'un garçon, on frappe dans toute sorte d'ustensiles en métal pour que le vacarme éloigne les mauvais esprits ; une fille, ils peuvent bien la prendre ! Les *hijra*, communauté de transsexuels et d'eunuques qui viennent danser et bénir les bébés garçons contre un peu d'argent, en menaçant de les enlever si on ne veut pas de leurs services, ne se déplacent pas pour les filles : on les leur donnerait plutôt ! Nombre de celles-ci se retrouvent prénommées Nakushi : « Non-désirée », « Malheur ». Dans un district de l'Etat du Maharashtra, un fonctionnaire local a même organisé des cérémonies de changement de nom pour mettre fin à cette pratique et expliquer aux parents qu'avoir une fille n'était pas une catastrophe. En juillet 2012, il avait déjà renommé plus de 200 fillettes…

Pour éviter de se retrouver avec une *nakushi*, nombre de parents les éliminent. Le caractère sélectif de l'infanticide est attesté par le fait que l'équivalent en hindi de notre « faiseuse d'anges » est *kudimaar* : « tueur de filles » – pas de garçons. L'infanticide existe toujours, mais il fait progressivement place à une pratique considérée comme plus acceptable parce que plus discrète : l'avortement sélectif des fœtus féminins repérés par échographie. Cette pratique est théoriquement interdite par la loi, mais néanmoins très répandue, car très facile d'accès : avant d'être utilisée pour les femmes, l'échographie a été introduite par les vétérinaires pour détecter les anomalies chez les animaux. Le matériel était donc portable et l'examen bon marché…

Aujourd'hui, malgré les campagnes officielles de sensibilisation et les panneaux rappelant l'interdiction légale dans tous les centres médicaux, il est courant de demander à connaître le sexe de l'enfant à venir, et rare qu'on ne vous le révèle pas. Seule une infime poignée de médecins ont été poursuivis et condamnés pour l'avoir fait. Si l'enfant à venir est une fille, la question de l'arrêt de la grossesse est vite posée. Shemeer Padinzjharedil, militant pour le droit des femmes, a résumé la situation dans le *Hindustan Times* : « En Inde, rien que naître, c'est déjà un miracle pour une femme. »

Conséquences et causes du massacre des filles

Les conséquences de l'élimination sélective des filles sont claires. Il y a deux décennies, l'économiste et prix Nobel Amartya Sen estimait déjà à 37 millions le nombre de femmes non nées qui manquaient en Inde. Le recensement de 2011 confirme qu'il n'y naît que 914 filles pour 1 000 garçons, alors que le ratio naturel est de 950 pour 1 000. Hormis une légère amélioration en 2001, ce chiffre ne cesse de baisser sur la longue durée, alors même que le sous-continent connaît une période de croissance économique. Il en résulte dans certaines régions des disparités démographiques qui ont déjà des conséquences sociales graves : prostitution, « partage d'épouse » entre hommes de la même famille, et trafic des êtres humains entre les régions selon qu'elles sont plus ou moins affectées.

Mais, si les conséquences du phénomène sont claires, ses causes ne le sont pas. Il ne touche pas tout le sous-continent de la même manière. Les Etats où le fœticide et l'infanticide des filles sont le plus répandus sont ceux du Nord-Ouest, en particulier ceux qui forment le BIMARU (« pauvreté » en hindi, et acronyme pour Bihar, Madhya Pradesh, Rajasthan et Uttar Pradesh), ainsi que le Pendjab, l'Haryana et le Gujarat. Le déficit de filles est moindre dans les Etats du Nord-Est et au Kerala.

On peut donc être tenté d'attribuer ce phénomène à la pauvreté, mais ce n'est pas le cas : le Pendjab et l'Haryana figurent parmi les Etats les plus riches de l'Inde, et l'on trouve dans le triste palmarès des Etats « sans filles » aussi bien le Gujarat, en croissance rapide, que le Bihar, qui stagne. Mieux : à New Dehli, la cartographie du fœticide montre clairement que les quartiers les plus riches sont les plus concernés. Que des Etats soient bien ou mal équipés en matière d'échographie n'a pas non plus d'incidence : le Bihar et le Madhya Pradesh ne le sont pas mieux que le Kerala et le Bengale-Occidental, moins meurtriers.

Ce n'est pas davantage une question de culture et de croyances religieuses. Hindous et musulmans sont présents dans les diverses régions de l'Inde, et partout leur comportement en matière de sélection des naissances correspond au modèle local. Dans le même ordre d'idées, Amartya Sen a évoqué une corrélation avec la montée du nationalisme hindou du BJP[1], dont le conservatisme religieux et la défense de la tradition patriarcale ne valorisent pas les femmes. Toutefois, la percée du BJP jusque dans des Etats méridionaux, relativement épargnés par le fœticide et l'infanticide sélectifs, semble démentir cette explication. Enfin, si l'éducation des femmes (assez généralement liée au niveau de revenus) a un impact très clair sur la mortalité des petites filles, car les mieux éduquées soignent mieux les leurs, elle ne les empêche pas de continuer à avorter sélectivement comme les moins éduquées. L'Himachal Pradesh, le Maharashtra et le Gujarat, où les femmes sont plus éduquées qu'ailleurs, n'en ont pas moins un déficit prononcé de filles.

L'historien Ramachandra Guha incrimine pour sa part le type de culture agricole dominante. Dans le Nord-Ouest de l'Inde, très massacreur, la culture du blé est dominante. Dans le Sud-Est, c'est celle du riz. Le blé a besoin du travail des hommes car le semis et la moisson demandent une force musculaire importante. Le riz, qui doit être replanté avec précision par des mains fines, valorise au contraire le travail des femmes et des enfants. L'explication serait donc que plus la place des femmes est importante dans l'économie, à commencer par celle de la cellule familiale, moins elles risqueraient l'élimination.

1- Bharatiya Janata Party (Parti du Peuple Indien). Il a été au pouvoir de 1996 à 2004 et y est revenu en 2014.

« Les filles, des fruits pour le voisin »

D'une manière apparemment paradoxale, à l'échelle familiale le fœticide et l'infanticide féminins sont des pratiques liées non pas à la pauvreté mais bien à l'aisance, comme le montre la cartographie du fœticide à New Delhi, évoquée plus haut. C'est que plus on a de biens, plus une fille coûte cher et moins elle rapporte ; car une famille riche n'a pas besoin d'elle comme force de travail, mais elle devra payer pour la marier une dot de plus en plus coûteuse[1]. Ainsi, au Pendjab, un des Etats les plus massacreurs, quand la révolution verte a fait monter le rendement et le prix des terres agricoles, le montant des dots a suivi ; en outre, la valorisation des terres a renforcé la préférence pour les fils, qui sont encore les seuls à en hériter dans la pratique, en dépit d'une loi votée en 2005 pour donner leur part aux filles.

On peut fréquemment lire sur des panneaux publicitaires improvisés, et jusque sur les murs des cliniques : « Dépensez 500 roupies maintenant, économisez-en 500 000 plus tard. » Les 500 roupies (environ 6,50 euros) sont le prix de l'échographie pour connaître le sexe du fœtus ; 500 000 roupies, celui d'une dot de la classe moyenne. Un avortement coûte quelques centaines de roupies chez une faiseuse d'anges de village, et plusieurs dizaines de milliers dans une clinique. La pratique de la dot a beau être interdite par la loi, elle reste extrêmement

---

1- Sur ce point, voir Max-Jean Zins, « Le luxe en Inde », *in Argent, fortunes et luxe en Asie*, *op. cit.*

répandue. Son montant, qui varie en fonction de la classe sociale, peut atteindre jusqu'à l'équivalent d'un million d'euros. Une fois dotée et mariée, la fille part vivre chez ses beaux-parents. C'est là qu'elle contribuera désormais à l'économie domestique, et non plus à celle de sa propre famille. Elle n'est d'aucune utilité non plus pour accomplir les rites funéraires de ses parents, car ce rôle est réservé à un descendant mâle (ou, par défaut, à un homme de la famille). Avoir une fille signifie donc élever et nourrir une force de travail qui profitera à une autre famille, et devoir par surcroît payer cher, voire s'endetter pour la lui transmettre. Le proverbe le dit crûment : « Avoir une fille, c'est arroser l'arbre qui donnera des fruits au voisin. »

Ce n'est donc pas un hasard si la plupart des campagnes officielles pour lutter contre l'élimination sélective des filles utilisent un vocabulaire économique et tentent de les valoriser de manière concrète. Ainsi fait le programme *Apni Beti, Apna Dhan* (Votre fille, votre richesse), organisé par l'Etat d'Haryana de 1994 à 1998 puis repris par d'autres : à la naissance d'une fille, ses parents reçoivent 500 roupies, puis des mensualités sur un compte bloqué au nom de l'enfant, auxquelles les parents n'auront accès qu'à sa majorité, et seulement si leur fille n'a pas été mariée. Il est toutefois difficile d'évaluer l'efficacité des différentes initiatives des autorités, tant régionales que nationales, tout comme celle des actions menées par les ONG pour améliorer le sort des filles.

Des épouses dociles et couleur de blé

Si filles et garçons doivent la même soumission totale au père, à la famille, à la caste et à la communauté (régionale ou religieuse par exemple), les filles ont en outre le devoir absolu de rester vierges : l'honneur de la famille en dépend. Le mariage constitue donc pour elles une étape encore plus cruciale que pour les garçons. Toute leur socialisation est conçue pour les y préparer, dans un pays où la majorité des mariages sont encore arrangés par les parents, et perçus davantage comme une alliance entre deux familles que comme l'union de deux personnes.

Dans l'édition dominicale des grands quotidiens, les multiples annonces matrimoniales qui vantent les mérites de jeunes filles et femmes généralement âgées de 18 à 30 ans se ressemblent d'un bout à l'autre du sous-continent. Si le niveau d'éducation et la maîtrise de l'anglais varient en fonction de la classe sociale, la docilité et la peau la plus claire possible – « couleur de blé » – sont les deux qualités recherchées partout, et quel que soit le niveau de revenus. Elles indiquent que la jeune fille n'a pas eu d'activités (sportives ou manuelles) hors de la maison, et qu'elle saura s'adapter à sa belle-famille et obéir à sa belle-mère. Dans les journaux anglophones, nombre d'annonces précisent que les filles à marier sont *convented*, c'est-à-dire qu'elles ont suivi leurs études secondaires dans une école tenue par des nonnes (*convent school*), signe d'appartenance à la bourgeoisie anglophone.

En 2012, le vote d'une loi fixant la majorité sexuelle à 18 ans, comme la majorité civile, au lieu de 16 pour les deux sexes, a suscité de vifs débats. De nombreuses voix ont demandé le maintien à 16 ans de l'âge auquel les filles peuvent avoir des rapports librement consentis, car pour elles l'âge médian du mariage dépasse à peine 17 ans, aussi bien chez les hindous que chez les musulmans. Presque la moitié des jeunes Indiennes sont mariées avant leur dix-huitième anniversaire, et souvent même bien avant 16 ans. Les mariages d'enfants ont beau être proscrits par la loi depuis l'époque coloniale, ils sont courants pour les adolescentes mineures et existent encore pour les filles prépubères[1].

Le désir des parents de marier leur fille au plus tôt vise à se débarrasser d'une bouche à nourrir qui ne leur rapportera rien, mais aussi à diminuer le risque de la voir déshonorer la famille en perdant sa virginité. Plus le niveau d'éducation et les revenus des parents sont faibles, plus ils marient leur fille jeune, la condamnant souvent à interrompre ses études et l'enfermant ainsi dans un cercle vicieux de pauvreté. La précocité du mariage entraîne aussi de nombreuses grossesses à risque chez des filles trop jeunes. Les parents ne sont freinés que par le temps nécessaire pour réunir la dot. Mais cette hâte des parents les moins fortunés à se défaire de leur fille en amène beaucoup à promettre une dot au-dessus

1- Les jeunes Indiens peuvent encore se marier avec le consentement de leurs parents dès l'âge de 16 ans, et dès 15 ans dans la communauté musulmane, régie par un droit de la famille séparé. Mais tout mariage contracté avant 18 ans peut être plus tard déclaré nul à la demande des époux.

de leurs moyens, tandis que la belle-famille réclame souvent, après les noces, de l'argent ou des biens supplémentaires. Les conséquences peuvent être dramatiques : en 2010, d'après les statistiques officielles, une jeune épouse indienne était tuée toutes les heures en raison de problèmes liés à l'insuffisance de la somme versée par ses parents pour s'en décharger.

La jeune fille qui a pu venir au monde, grandir et échapper à ce dernier danger doit désormais satisfaire son mari, mais aussi servir sa belle-mère. Accomplir les tâches domestiques, contribuer à l'économie de la famille, préserver encore et toujours l'honneur du clan, veiller au respect des préceptes religieux, et par-dessus tout fournir un ou plusieurs fils : tels sont les devoirs de la « Sita Savitri » – l'épouse indienne modèle, du nom de deux déesses hindoues qui incarnent la dévotion poussée jusqu'à l'abnégation. Ce qui ne la préserve pas toujours de la violence.

Une violence de moins en moins acceptée ?

En Inde, la violence contre les femmes reste fréquente, à la fois au sein de la famille et en dehors. D'après un sondage de l'UNICEF en 2012, plus de la moitié des adolescents indiens des deux sexes trouvaient normal qu'un homme frappe son épouse dans certaines circonstances. Cette violence est si banale que les femmes elles-mêmes l'ont acceptée : d'après une étude officielle, elles seraient même plus nombreuses que les hommes (54 % contre 51 %) à trouver normal que leur mari les batte. Dès lors, rien d'étonnant si les violences domestiques sont le lot de plus d'un tiers des épouses indiennes. Mais hors du foyer aussi, les filles et les jeunes femmes doivent supporter le *Eve-teasing* (« taquiner Eve ») – euphémisme « poétique » pour le harcèlement sexuel. Enfin, dans le Nord du sous-continent, les assemblées villageoises de caste (*khap panchayat*), qui statuent souvent sur des « problèmes d'honneur », constituent une instance supplémentaire d'oppression pour les femmes, bien que leurs verdicts soient dépourvus de toute valeur légale.

La représentation des jeunes filles dans les médias est révélatrice de cette violence. La télévision s'est emparée de sujets comme le mariage des enfants et les problèmes liés à la dot. Ses séries de fiction mettent volontiers en scène des jeunes filles maltraitées. Ainsi, sur la chaîne Zee, *Agle Janam Mohe Bitiya Hi Kijo* (« Pourvu que je ne sois pas une fille dans ma prochaine vie ») a pour héroïne la jeune Lali, dans l'Etat très pauvre du Bihar, vendue par son père acculé par la misère. Sur NDTV, l'héroïne maltraitée se prénomme Bandini, mariée très jeune à un homme beaucoup plus âgé qu'elle. Non sans dérapages significatifs : en 2012, dans l'Etat d'Assam, pourtant réputé « très sûr » pour les femmes, un journaliste TV a été accusé d'avoir sciemment machiné l'agression d'une jeune femme par une foule d'hommes à seule fin de faire de l'audience. Parce que la victime en faisait partie, la classe moyenne s'est émue bruyamment de cette affaire – alors pourtant que c'est surtout cette classe dont le voyeurisme malsain encourage au premier chef la course malsaine à l'audimat.

De plus en plus de jeunes filles ont conscience d'être victimes d'abus, et certaines n'hésitent plus à porter plainte. Les médias présentent volontiers celles qui l'osent comme des héroïnes et des modèles pour leur génération. Les réseaux sociaux, Facebook notamment, permettent en outre aux jeunes femmes de la classe moyenne de dénoncer les violences sexistes et de s'organiser pour les combattre. En 2009, Pramod Muthalik, chef d'un groupe d'extrémistes hindous qui avaient agressé des jeunes femmes dans un pub du Sud de l'Inde, a été inondé, pour la Saint-Valentin, de sous-vêtements roses envoyés dans le cadre d'une campagne organisée en ligne et baptisée *Pink Chaddi* (culottes roses). En 2012, les jeunes Indiennes ont repris à leur compte, sous le nom de *Besharmi Morcha* (manifestation des « sans honte ») le mouvement de la « marche des salopes » lancé au Canada en 2011. Ces deux exemples illustrent la manière dont les jeunes femmes indiennes se mobilisent désormais contre la maltraitance et les discriminations dont elles sont victimes.

Une réalité contrastée

Au demeurant, la préférence très généralisée pour les fils ne se traduit pas toujours dans les faits par une maltraitance systématique des filles. Nonobstant l'élimination sélective et l'insuffisance de soins dont les fillettes peuvent être victimes, différentes études ont montré que les petites Indiennes reçoivent en moyenne autant de calories journalières que leurs frères. Il existe des modèles sociaux matrilinéaires, notamment au Manipur et au Kerala, qui donnent aux filles et aux femmes une place privilégiée dans l'économie et la famille. Même ailleurs, et malgré le poids de la dot, les filles sont souvent choyées. Certains textes classiques évoquent la joie d'en avoir une, et il est fréquent, chez les hindous, d'associer l'enfant de sexe féminin à une déesse : il existe heureusement beaucoup plus de petites Devika (« Divine ») que de Nakushi. Les musulmans, qui représentent environ 13,5 % de la population indienne, s'enorgueillissent de ne pas discriminer – ou de discriminer moins – entre garçons et filles. Dans leurs communautés, le déficit de femmes est moindre, bien qu'ils pratiquent aussi le système de la dot. Et si moins de 10 % des femmes possèdent des terres alors qu'elles sont 84 % à avoir une activité agricole, la loi de 2009 sur l'héritage oblige désormais (en principe !) à diviser les propriétés également entre les héritiers des deux sexes.

Le monde politique offre par ailleurs de nombreux exemples de femmes qui occupent des postes importants, depuis Sonia Gandhi, la très puissante présidente du parti du Congrès de 2004 à 2014, jusqu'à Pratibha Patil, présidente de l'Union Indienne de 2007 à 2012, en passant par Meira Kumar, présidente de la Lok Sabha (Chambre des députés) de 2009 à 2014. Le maire de Delhi est aussi une femme, tout comme plusieurs *Chief Ministers* des différents Etats de l'Union. La Chambre n'en a jamais compté autant (62, soit 11 %) qu'en 2014, après la victoire du BJP. Même si ces femmes de pouvoir doivent généralement leur carrière à celle de leur père ou de leur mari, dans une logique dynastique (dont profitent également beaucoup d'hommes), elles n'en sont pas moins des figures admirées et des rôles modèles.

Comme les basses castes, les femmes bénéficient en outre de politiques de discrimination positive. Pour leur permettre d'accéder plus facilement à l'éducation, de l'école à l'université, des quotas allant jusqu'au tiers des places leur sont réservés. Les facultés de droit, par exemple, doivent obligatoirement accueillir 30 % d'étudiantes. Les institutions privées ne sont pas soumises aux quotas, mais beaucoup appliquent néanmoins un système de discrimination positive pour les filles, et parfois des frais d'inscription moins élevés. En 2010, la Lok Sabha a même voté une loi pour étendre le système des quotas aux mandats électifs ; toutefois la Chambre des Etats doit encore examiner ce texte, critiqué par les partisans de la méritocratie mais soutenu activement par les militants pour les droits des femmes.

Les garçons : raja *ou* chhotu

Dans la dénonciation des violences faites aux femmes, les campagnes officielles, les médias et les ONG prennent désormais souvent à partie les garçons et les jeunes hommes. Mallika Dutt, présidente de l'ONG Breakthrough, considère comme un tournant social et politique important que ces derniers se soient mobilisés pour la première fois après le viol collectif de Delhi en 2012.

La vie des garçons est certes plus enviable que celle de leurs sœurs, mais elle n'est pourtant pas toujours facile, même dans les milieux aisés. Le garçon a beau être le petit *raja* (prince) de la famille et choyé comme tel dans sa petite enfance, il doit ensuite se plier entièrement aux exigences de son père, de son clan, de sa communauté et de sa caste, qui font peser sur lui la réussite collective. Chez les hindous comme chez les musulmans (mais pas chez les parsis, entre autres), c'est le garçon qui transmet le nom et la caste, qui doit prendre soin de ses parents dans leur vieillesse, et qui effectue leurs rites mortuaires. Les strictes obligations de la piété familiale leur sont donc inculquées dès le plus jeune âge.

C'est aussi de la réussite scolaire et professionnelle du garçon que dépendront la dot de sa ou ses sœurs, et donc leur mariage et le bien-être de la famille élargie. La pression pour réussir est donc extrême dès l'école primaire, où les enfants subissent encore souvent des châtiments corporels cruels, bien que la loi les interdise. Dès 6 ou 7 ans, la scolarité est très rude pour les enfants de la classe moyenne, à commencer par les garçons. Les classes comptent en moyenne 42 élèves, et des cours particuliers s'ajoutent le plus souvent à l'emploi du temps normal – aussi bien pour les enfants qui fréquentent l'école publique que pour ceux qui sont scolarisés dans les écoles privées ou les madrasas et autres établissements religieux.

C'est traditionnellement le fils qui hérite de la terre, de l'entreprise – mais aussi, le cas échéant, des dettes paternelles. Bien qu'en voie de professionnalisation, la grande majorité des conglomérats indiens sont encore des entreprises familiales, dont la direction se transmet de père en fils. Il existe néanmoins des exceptions. Divya Singh Suri, qui a succédé à son père à la direction de Subros (conditionnement de l'air) et préside l'YFLO[1], une association de jeunes femmes entrepreneurs, semble même avoir trouvé la chose toute naturelle : « Mon père n'a jamais fait aucune différence entre ses enfants. Mon frère ne pouvant pas reprendre l'entreprise, c'est moi qui y ai été appelée naturellement. » Pas si « naturellement » pourtant, car le fait est qu'elle n'a été désignée qu'en deuxième intention et dernier recours – ce qui n'en reste pas moins un signe encore très rare d'ouverture d'esprit et de modernité.

Les petits *raja* et futurs héritiers de la classe moyenne et de la bourgeoisie ne doivent pas faire oublier les centaines de petits garçons kidnappés pour être vendus, ceux qui doivent combattre au sein de mouvements comme la guérilla Naxalite au Manipur, et les millions de ceux qui sont exploités dans les usines et les maisons closes. D'autres le sont aussi comme serviteurs dans les familles aisées où grandissent les petits princes. Ces garçons viennent pour la plupart des campagnes, chassés par la misère et l'endettement de leurs familles. Ces petits serviteurs sont dépouillés *de facto* de leur liberté et de leur droit à l'éducation, et même de leur identité : dans un simulacre de familiarité bienveillante, on les appelle souvent *chhotu* (petit). Les *chhotu*

1- Young FICCI (*Federation of Indian Chambers of Commerce and Industry*) Ladies Organization.

sont interchangeables ; le flux en est ininterrompu, au rythme de l'exode rural entretenu par les sécheresses et les famines, sur fond de misère et de relations toujours féodales entre l'Inde rurale et l'Inde urbaine.

L'école (enfin) pour tous

Qu'ils soient filles ou garçons, le plus grand changement dans la condition des jeunes Indiens, et le plus prometteur pour leur avenir, est sans doute le progrès considérable de la scolarisation. En 2012, deux ans après que l'école est devenue obligatoire de 6 à 14 ans, 96,5 % des enfants y étaient inscrits, même en zone rurale ; 83 % des 15-16 ans y allaient encore, et 20 % de la classe en âge d'entrer dans le supérieur y était inscrite. On peut mesurer les progrès accomplis depuis 2004, où seuls 54 % des jeunes Indiens étaient inscrits dans le secondaire et 12 % dans le supérieur. La politique de quotas mise en place à la fois aux niveaux national et régional favorise l'accès à l'éducation des castes et des classes défavorisées (*dalits*, OBC et populations tribales[1]), auxquelles la moitié des places sont réservées dans les établissements supérieurs publics et sous contrat avec l'Etat fédéral. Ceux-ci réservent aussi souvent 30 % de places aux filles (en y incluant celles qui sont admises au titre de leur caste). Dans les établissements dépendant des Etats régionaux, ces quotas peuvent parfois dépasser 80 %, comme c'était le cas en Andhra Pradesh en 2012.

1- *Dalits* : les anciens intouchables. OBC : *other backward castes*. Le système est très compliqué : sont exclus des quotas les enfants des familles les plus aisées, ceux dont les pères exercent certaines professions, ceux des parlementaires, etc. Sur ce point, voir Christophe Jaffrelot, « L'Inde à l'horizon 2025 », *op. cit.*

Cette politique de discrimination positive, très ancrée dans le fonctionnement social indien depuis la fin du XIXe siècle, suscite néanmoins de nombreuses critiques – à commencer par celles des jeunes des castes supérieures, dont la défense de la méritocratie cache souvent celle de leurs intérêts particuliers.

III- L'UTOPIE D'UNE JEUNESSE RICHE, URBAINE ET CONSOMMATRICE

De Krishna au « Youngistan »

Il existe pourtant dans la culture indienne, ou du moins hindoue, une « utopie de la jeunesse ». Cette vision idyllique et romancée est inspirée par les récits légendaires sur les dieux Rama, Ganesh, et surtout Krishna. On trouve partout des représentations de ces divinités enfants, qui exaltent cet âge où se mêlent innocence, insouciance et espièglerie. Aujourd'hui, la génération née au début des années 1990, qui ont marqué le début de la libéralisation de l'économie indienne et relancé la croissance, est idéalisée de la même façon. Ces jeunes sont appelés « les petits-enfants de minuit », en référence aux *Enfants de minuit*, le célèbre roman que Salman Rushdie a consacré à la génération née au moment de l'indépendance, en 1947.

Pour sa part, la marque Pepsi-Cola, afin de courtiser cette génération, l'a baptisée « Younginstan ». Les heureux habitants de ce pays de rêve – du moins ceux qui intéressent médias, politiciens et marketeurs, qui y voient des faiseurs d'opinion – constituent une classe d'âge, mais se caractérisent aussi par leur appartenance aux classes urbaines moyennes et supérieures. L'attention qui leur est accordée est fonction de trois facteurs. D'abord leur nombre. Ensuite leur pouvoir d'achat : les études de marché se multiplient pour sonder les goûts de cette cohorte. Enfin la visibilité qu'ils ont acquise sur la scène publique, comme nous le verrons plus loin.

Il n'y a pas que les grands groupes qui s'intéressent à cette jeunesse consommatrice. Ainsi M. Rajiv Mishra, qui tient un magasin de jouets dans le très chic Khan Market de la capitale, organise depuis 1976 des anniversaires pour les enfants : « A l'époque, les gens dépensaient entre 200 et 500 roupies ; aujourd'hui, ils en mettent entre 5 000 et 25 000 [de 60 à 300 euros]. » Selon lui, le marché s'est envolé vers 2007 avec une surenchère dans les anniversaires d'enfants (certains parents vont jusqu'à recréer des parcs d'attraction !), mais aussi avec la mode des soirées thématiques chez les jeunes de moins de 30 ans.

Bien loin de ce « Youngistan » festif, la jeunesse rurale de l'Inde suscite beaucoup moins d'intérêt. Les médias la donnent surtout à voir mal nourrie, exploitée et violentée, à travers une accumulation de faits divers – par exemple, en juillet 2013, la mort d'une vingtaine d'écoliers du Bihar empoisonnés par la nourriture distribuée dans le cadre d'un programme d'aide sociale. Le contraste est saisissant avec l'image brillante d'une jeunesse urbaine moderne, assoiffée d'éducation et de consommation.

Toutefois, cette image serait exagérément optimiste, à en croire – entre autres – le journaliste Akash Kapur, qui écrivait en 2011 dans un numéro spécial de l'hebdomadaire *Outlook* consacré à la jeunesse : « Nous avons fabriqué la représentation d'une jeunesse déterminée et qui réussit parce que nous aimons l'idée d'une nation qui réussit. Nous avons exagéré la distance que la jeunesse est censée avoir prise avec la tradition, son cosmopolitisme et sa modernité, parce que nous voulons nous conforter ainsi dans l'idée que l'Inde est une puissance du XXIe siècle. La réalité de l'Inde moderne est, comme toujours, un petit peu plus compliquée. Nous ne rendons pas service à la jeunesse (ni, à vrai dire, à la nation) en niant cette complexité, en ayant recours à des caricatures et en développant une vision simpliste de ce qu'être ambitieux et réussir signifie aujourd'hui en Inde. »

La jeunesse indienne est-elle mondialisée ?

Le territoire imaginaire du « Youngistan » relie la jeunesse indienne au reste du monde, du moins pour ce qui est de la consommation. Mais est-elle pour autant « mondialisée » ? Après avoir questionné plus de 5 000 jeunes en anglais, en hindi et dans une quinzaine de langues régionales, l'universitaire Sanjay Kumar affirme que « la vaste majorité d'entre eux n'ont pas conscience de la mondialisation », en se fondant notamment sur le faible nombre de ceux qui connaissant le mot anglais *globalization*.

Toutefois, beaucoup d'éléments indiquent que les jeunes Indiens sont largement influencés par les tendances occidentales : leurs modes de consommation, le mélange croissant d'anglais et de hindi dans les films de Bollywood comme dans le cinéma régional, ou encore la large diffusion des journaux et la part qu'y ont les publicités des marques occidentales. La passion de ces marques est d'ailleurs le point commun aux jeunes Indiens par-delà les barrières de classe et de caste : les jeunes *dalits* (intouchables) qui ont réussi à sortir de l'extrême pauvreté s'en servent encore plus que les autres pour afficher de façon ostentatoire leur réussite, sur un mode « bling bling » très international.

A l'appui de l'idée que les jeunes Indiens « ressemblent à tous ceux du monde », on peut aussi citer une étude menée en 2010 pour la chaîne de télévision MTV auprès de ses 135 millions de jeunes téléspectateurs. Elle révèle – outre un souci de placer leur argent qui révèle leur appartenance aux classes aisées – une grande connectivité sur Internet[1], la fréquentation assidue des salons de beauté, et un rapport décomplexé aux relations amoureuses.

Toutefois, à l'inverse, on doit souligner l'importance que les jeunes Indiens, quelle que soit leur position sociale, accordent toujours au mariage, et leur préférence pour les unions arrangées par la famille ou pré-arrangées via les agences ou les sites matrimoniaux en ligne. Egalement significative est la façon dont ils conservent le goût indien en matière

1- Sur ce point, voir Ingrid Therwath, « Internet en Inde », *in Internet en Asie*, Ed. Philippe Picquier, 2012.

de vêtement ou de joaillerie[1], ou leurs jeux locaux comme le carrom ou le *gilli-danda*, parmi beaucoup d'autres. Et d'après le sondage comparatif cité en introduction, 93 % d'entre eux affirment que leur identité est liée à leur nationalité, et 76 % seraient prêts à mourir pour leur patrie – davantage que ne le sont les jeunes Chinois (73 et 71 %), pour ne rien dire des Japonais (54 et 11 %).

Une génération optimiste...

Nonobstant ces contrastes, on perçoit l'émergence en Inde d'une génération très consciente d'elle-même : 84 % affirment que leur identité est liée à leur classe d'âge. Cette cohorte – du moins en milieu urbain, répétons-le – est plus libre, plus mobile, moins prisonnière des contraintes familiales, et optimiste. Toujours d'après le même sondage cité en introduction, les jeunes Indiens de 16 à 29 ans sont beaucoup plus satisfaits que leurs homologues français – mais aussi chinois et japonais – de leur situation financière, de leur famille, et de l'époque à laquelle ils vivent. Cette satisfaction, qui les rend fiers d'être indiens, s'explique par les opportunités qu'offrent l'ouverture de l'économie depuis 1991 et l'émergence de la classe moyenne, ainsi que par la mobilité dont elles permettent au moins de rêver.

Cet optimisme des jeunes va de pair avec une vision somme toute modeste et réaliste de leur avenir idéal. Quand on leur demande ce qu'est « une bonne vie », ils répondent : être en bonne santé et gagner

1- Sur ce point, Max-Jean Zins, « Le luxe en Inde... », *op. cit.*

beaucoup d'argent. Cette soif de réussite matérielle se double d'un profond conservatisme social, qui se manifeste notamment par leur attachement à la religion, aux mariages arrangés et à la répartition traditionnelle des rôles entre hommes et femmes – et qui explique l'absence de réel conflit entre générations.

... mais guère idéaliste

La jeunesse indienne fait aussi preuve d'un certain cynisme à l'égard de la politique. Non seulement elle y attache assez peu d'intérêt actif (le nombre de jeunes députés n'a cessé de diminuer entre 1999 et 2009), mais ce cynisme est perceptible jusque dans celles de ses mobilisations qui ont le plus attiré l'attention des médias. Ainsi le soutien remarqué apporté par la jeunesse urbaine au mouvement anti-corruption d'Anna Hazare – tribun populiste, homophobe et partisan d'un régime autoritaire – provient d'abord du fait qu'elle voit dans la corruption un frein à la croissance et à la liberté d'entreprendre chères aux classes moyennes. Quant aux manifestations de 2012 après le viol de « Jagruti » à Delhi, elles doivent beaucoup au fait que la victime était une jeune femme de la classe moyenne qui revenait d'une séance de cinéma dans un centre commercial ; les viols tout aussi barbares de jeunes intouchables ou paysannes n'émeuvent pas la jeunesse urbaine aisée.

Dans une lettre à ces « citoyens du Youngistan », la poétesse Meena Kandasamy les accuse de ne se préoccuper que de leur propre bien-être matériel, d'être nationalistes, de ne pas s'intéresser aux grandes questions sociales, économiques et écologiques – et s'exclame : « Votre soif de sécurité est le poison de votre pays ! » Tout aussi critique, le Dr Sanjeev Jain, chef du service de psychiatrie à l'hôpital de Nimhans à Bangalore, les apostrophait en 2011 en ces termes : « Se remettre en cause n'est plus une vertu [pour vous]. Vous êtes censés être heureux. Vous devez avoir l'air heureux. Vous devez afficher votre bonheur même s'il est factice, sinon personne ne voudra vous fréquenter. [...] D'un point de vue psychologique, cet optimisme dénué de tout esprit critique est vraiment inquiétant. Nous sommes obsédés par la croissance. [...] Le rêve indien n'est plus qu'une photocopie du rêve américain ».

*

* *

Deux visions de l'Inde s'opposent, tant chez les économistes que chez les spécialistes de la politique et des sciences humaines. Certains, comme l'économiste Jagdish Bhagwati, défendent l'idée du « dividende démographique » que l'économie indienne touchera grâce à la croissance de la population, et insistent sur la nécessité de maintenir une croissance forte, dont découlera le développement social. Cette vision est aussi celle du monde des affaires et des nationalistes hindous du BJP, partisans de l'économie libérale et grands vainqueurs des élections législatives du printemps 2014. Pour eux, la jeunesse est à la fois un atout, un marché, et le symbole d'une Inde puissante et dynamique.

Mais d'autres – à commencer par Amartya Sen et l'économiste belge naturalisé indien Jean Drèze – mettent en garde contre l'arrivée à l'âge adulte d'une cohorte massive de jeunes dont la majorité – qui n'habite pas le « Youngistan » – est mal nourrie, a subi des violences physiques, est très ignorante en matière de santé et de contraception, et risque fort de ne trouver que des emplois très durs et très peu payés. Selon eux, sa jeunesse ne sera un atout pour l'Inde qu'à condition de consentir des investissements publics massifs dans l'éducation et la santé. D'autres enfin, comme Sanjeev Jain ou Meena Kandasamy, appellent la jeunesse à une prise de conscience sociale et politique, sans laquelle elle ne jouera pas un rôle à sa mesure dans l'avenir du sous-continent. Les élections de 2014 semblent montrer que cette prise de conscience s'est produite : selon les estimations « sortie des urnes », une très grande majorité des jeunes qui votaient pour la première fois (les 18-23 ans) auraient choisi le changement proposé par le BJP, champion des réformes de type néolibéral, qui a évincé le Congrès de la vieille dynastie Gandhi.

Karyn Poupée

La jeunesse japonaise[1] une génération « perdue » ?

Ils ont une vingtaine d'années, ont grandi avec les Pokemon, ont lu l'intégrale de *Naruto* et de *Nana*, ont un *keitai*[2] greffé dans la main et un casque audio collé aux oreilles. Ils sont japonais, mais à première vue ils ressemblent aux jeunes de France ou d'Amérique. Que nenni ! Scrutés de plus près, interrogés sur ce que sont leurs envies, leurs centres d'intérêt, leurs motivations, leurs rêves, leurs angoisses, leurs certitudes, leurs loisirs, leurs modèles, ou leur vision du monde et de leur pays, ils se révèlent aussi différents des étrangers que des générations qui les ont précédés. Ils n'ont connu ni la guerre, ni la fulgurante croissance des années 1960, ni les élans revendicatifs et la frénésie de consommation de leurs ascendants. Quel avenir dessinent-ils donc pour eux-mêmes et pour le Japon ?

1- Pour les sources des données utilisées dans ce chapitre, voir p. 124-125.

2- *Keitai denwa* : téléphone portable.

I – Des générations du miracle à la « génération perdue »

Ne pas avoir connu l'ère Shôwa...

Avoir 20 ans au Japon en cette deuxième décennie des années 2000, cela signifie appartenir à la première génération qui n'a rien vécu de l'ère Shôwa, celle de l'empereur Hirohito, commencée en 1926, coupée en deux par la guerre et qui s'est achevée en 1989. Ne pas avoir connu l'ère Shôwa, cela signifie ne pas avoir vécu – et peut-être soutenu – le régime militariste des années 1930. C'est ne pas avoir connu les privations du temps de guerre, ni la honte de la capitulation sans conditions et l'occupation américaine. Ne pas avoir connu l'ère Shôwa, c'est ne pas avoir participé à la reconstruction du Japon, ni à la prodigieuse croissance (le « miracle japonais ») qui l'a ensuite propulsé au rang de deuxième puissance économique mondiale de la fin des années 1960 à 2010. Ne pas avoir connu l'ère Shôwa, cela signifie ne pas avoir pris part aux virulentes manifestations étudiantes ou aux mouvements féministes des années 1960. C'est ne pas avoir vu les exportations japonaises déferler sur le monde à partir des années 1970, ni la montée du *Japan bashing* qu'elles ont provoqué aux Etats-Unis et en Europe. Ne pas avoir connu l'ère Shôwa, cela signifie n'avoir pris aucune part aux excès de la bulle spéculative immobilière et financière ni au délire consumériste des années 1980.

C'est aussi – et c'est là le drame – n'avoir vécu que l'instabilité économique, la déconstruction lente ou violente des modèles antérieurs, la dislocation des liens sociaux, la disparition du mythe du Japon « pays le plus sûr du monde ». Ne pas avoir connu l'ère Shôwa, cela signifie appartenir à la génération qui ne connaît du Japon que la crise dans laquelle il est englué depuis bientôt un quart de siècle. C'est faire partie – comme disent les médias – de la *rosu gene*[1], la « génération perdue », quand vos ascendants ont été tour à tour celle de la guerre, du « miracle économique », de la révolte puis de la bulle...

Les baby-boomers : *la « génération compacte »*

Sorti exsangue de la Seconde Guerre mondiale, le Japon était à reconstruire économiquement, structurellement et moralement. Cette mission n'a pas tant été celle des adultes, qui avaient pris part à la guerre ou l'avaient soutenue *volens nolens*, que celle de leurs enfants : la génération du baby-boom. Baptisée *dankai no sedai* (génération compacte et homogène), cette cohorte regroupe les 7 à 8 millions de Japonais nés entre 1947 et 1949, et leurs aînés de quelques années. Ce sont eux qui ont métamorphosé un pays pauvre et vaincu en une nation prospère et fière. Inspirés dans leur enfance et leur adolescence par les mangas futuristes d'Osamu Tezuka, abreuvés d'images de héros américains, ils ont été les premiers à grandir dans une maison qui

1- Voir p. 10 note 1.

se modernisait à toute vitesse (réfrigérateur, lave-linge, téléviseur, voiture familiale) jusqu'à finir par ressembler à celle de Blondie[1].

Les jeunes Japonais de cette génération avaient la volonté de vivre dans un monde meilleur et plus confortable, et de l'énergie à revendre. S'ils n'étaient pas satisfaits de leur sort, ils étaient motivés pour le changer, prêts à revendiquer leurs droits et à défendre les exploités de toute espèce. Dans les années 1960, influencés par des lectures – tant romans et essais que mangas – et des mouvements gauchistes très actifs, ils n'ont pas hésité à se mobiliser contre un enseignement formaté pour produire en masse des travailleurs disciplinés, et contre le fonctionnement mandarinal et rétrograde des universités. Ils ont manifesté massivement en 1960 contre la reconduction du traité de sécurité qui liait le Japon aux Etats-Unis, et ont pris ensuite toute leur part des mouvements protestataires internationaux contre la guerre du Vietnam ou pour la cause des femmes. Cette génération est celle qui a vécu le plus profondément les bouleversements que le Japon a connus durant une trentaine d'années, jusqu'à la fin des années 1970 – le moment où, devenus adultes, ils sont rentrés dans le rang, poursuivant la carrière toute tracée du *salaryman* dévoué corps et âme à son entreprise, marié à une épouse au foyer et aux petits soins, et père d'un ou deux rejetons.

1- L'héroïne du *comic strip* créé par Chic Young en 1930: archétype de la jeune épouse américaine de la classe moyenne.

Les années 1980 : le temps de la fierté et des excès

Ces enfants, les baby-boomers juniors nés durant les années 1970, ont grandi – eux – dans un pays devenu riche, qui s'était hissé en l'espace d'un quart de siècle au rang de deuxième puissance économique du monde. La nation tout entière était d'autant plus triomphaliste que même des Américains saluaient sa montée en puissance, et même lui promettaient mieux encore, à l'exemple d'Ezra Vogel l'auteur du best-seller *Japan as Number One* (1 979). L'ambiance était joyeuse : c'était l'« époque de fêtes » (*matsuri jidai*).

Finies, les luttes revendicatives... A condition de s'accommoder de la pression familiale pour suivre le parcours scolaire dûment fléché qui devait les mener aux meilleures universités, les jeunes pouvaient s'amuser. Marketeurs et industriels surenchérissaient d'inventivité pour les divertir. Les *Space Invaders*, le Famicom[1], les bornes et consoles de jeux vidéo faisaient un malheur tant auprès des jeunes adultes que des enfants et adolescents. S'ajoutant à la télévision et aux magazines de manga, ces nouveaux loisirs chronophages ne laissaient plus guère aux jeunes le temps de réfléchir au monde – présent ou à venir. Au demeurant, les adultes ne le faisaient pas non plus, absorbés qu'ils étaient par le *money game* – l'enrichissement que permettait à certains la folle inflation des actifs financiers et immobiliers pendant toute la deuxième moitié des années

1- *Space Invaders* : jeu vidéo sorti en 1978. Famicom : abréviation de *family computer.*

1980. Cet « excès d'excès » a laissé des séquelles qui se font encore lourdement sentir aujourd'hui. C'est durant cette dernière décennie de l'ère Shôwa que sont apparus des maux sociaux inédits (jeunes sans repères et/ou reclus dans des univers virtuels, *otaku*[1]), produits d'une société déboussolée jusqu'à en devenir destructurante.

II – Une jeunesse forgée par la crise

Rares, gâtés (?) et anxieux

En ce début des années 2010, les jeunes Japonais de 15 à 30 ans sont environ 22 millions, soit à peine plus de 15 % de la population. Les plus de 60 ans, eux, en représentent presque un tiers (38 millions). D'année en année, la dénatalité fait baisser le nombre de jeunes, alors qu'une longévité record – les Japonais vivent en moyenne 82,4 ans : seul Monaco fait mieux ! – fait augmenter massivement celui des seniors.

Dans un pays où la « pyramide » des âges ressemble à un champignon au pied de plus en plus étroit, les enfants et les jeunes devraient être précieux – mais en pratique, ils sont moins bichonnés par les pouvoirs publics que les seniors. En apparence, cela ne les tracasse guère. A les voir dans les rues de Tôkyô, ils semblent plutôt enjoués et *cool*, parfois pétulants et extravagants, généralement habillés avec fantaisie – mais une « fantaisie » minutieusement étudiée, copiée sur les modèles qui remplissent les

1- Voir page 101.

magazines. Ce n'est pas un hasard si tous les créateurs de mode de la planète ont des têtes chercheuses à Tôkyô pour y débusquer les nouvelles tendances. Bien davantage que leurs aînés des années 1980 ou même 1990, ils se sentent libres d'assortir leurs vêtements en fonction de modèles plus tribaux que dictés par les publicitaires.

L'éditorialiste Yuichi Odakiri affirme que « les jeunes d'aujourd'hui sont vraiment favorisés », au point qu'il prétend même les envier. La plupart sont des enfants uniques que leurs parents ont gâtés, et la conjoncture économique a beau être plus que morose depuis bientôt un quart de siècle, « jamais les jeunes japonais n'ont bénéficié d'un environnement si agréable : ils sont nourris à satiété, ils disposent de moyens de transport et de communication d'une perfection inimaginable il y a seulement vingt ans… » Ce genre de propos a néanmoins de quoi irriter les quelque 2 millions de jeunes *freeters*[1] qui vont de job précaire et mal payé en job mal payé et précaire, et ne mangent guère que des nouilles à toutes les sauces. Et malgré leur attitude gaie et insouciante, ceux qu'on interroge se disent généralement anxieux. Lycéens ou étudiants se demandent ce qui les attend à la fin de leurs études, et les jeunes travailleurs précaires combien de temps ils vont endurer leur petit boulot ou être supportés par leur patron. Chez les uns comme chez les autres, l'angoisse est forte, et ils la cachent sous le *look* très étudié qui leur donne une certaine assurance.

1- De *free-arbeit* : travail « libre » (en CDD). Dans les années 1990, il pouvait s'agit d'un choix de vie, et ce statut jouissait d'une certaine aura. Ce n'est plus le cas.

Ce que nous dit Haruki Murakami

Dans les années 1980, dans l'élan de trois décennies de croissance accélérée, les Japonais étaient convaincus que le « toujours plus » et la réussite allaient durer : on pariait sur la vie comme on jouait en Bourse. Comme aujourd'hui les jeunes Chinois, les jeunes Nippons étaient convaincus de la force de leur pays et prêts à conquérir le monde. En août 2011, l'écrivain Haruki Murakami m'a accordé un entretien. L'auteur de *Kafka sur le rivage* et de *1Q84* – roman-fleuve dont les deux héros, qui ont 30 ans en 1984, sont nés au moment où la reconstruction battait son plein et allait mener le Japon vers la haute croissance – m'a d'abord résumé le parcours de cette génération : « Les décennies 1950, 1960 et en partie celle de 1970 ont été celles du « miracle économique » japonais. C'est en quelque sorte ma génération qui l'a réalisé. Dans les années 1960, nous nous opposions politiquement, nous avions une idéologie. Nous voulions rendre la société meilleure et changer le monde en mieux. Nous étions des idéalistes. Nous y croyions. Mais à un moment, notre idéal a été balayé. Nous avons pris conscience de l'inanité de nos ambitions, et tous les mouvements protestataires se sont arrêtés d'un coup au milieu des années 1970. Les rebelles que nous étions sont arrivés à la fin de leur vie d'étudiants. Tout le monde est entré chez Mitsubishi ou Panasonic et a consacré toute son énergie au travail. Notre génération est devenue réaliste, matérialiste. Et puis la bulle financière s'est formée, à la fin des années 1980 tout s'est emballé, et les gens sont devenus presque fous. »

L'auteur de *La Course au mouton sauvage* et des *Chroniques de l'oiseau à ressort* a ensuite évoqué la jeunesse actuelle : « Aujourd'hui, c'est le contraire : on est convaincu que rien n'est sûr, que tout est précaire, et ce sentiment est renforcé par une conjoncture internationale chaotique et par la répétition d'événements anxiogènes [...] : la crise économique calamiteuse depuis le début des années 1990, le séisme de Kobe en 1995 et l'attentat au gaz sarin, ceux du 11 septembre 2001... En une décennie, l'idée qu'un certain niveau de prospérité économique garantissait le bonheur a été ébranlée. Quand ils en ont pris conscience, les Japonais n'ont plus su que faire, quel objectif viser ensuite, et comment l'atteindre, ce qui fait que nous n'avons rien imaginé d'autre et que nous sommes incapables de transmettre la moindre ardeur aux générations suivantes. Face à cette absence de vision et de modèle pour l'avenir, les jeunes Japonais angoissent. »

Pour Murakami, « tout le monde a désormais bien compris que c'en est définitivement fini du modèle passé, qu'il faut en fabriquer un nouveau sous peine que le pays fasse naufrage. » Pour autant, les jeunes qui ont 20 ans aujourd'hui semblent résignés. La rébellion et la colère leur répugnent. Ils ne veulent surtout pas chercher noise à qui que ce soit, ni déranger personne. Leur priorité avouée est de chercher à plaire pour – surtout ! – ne pas se retrouver isolés. Les garçons veulent être perçus comme gentils et séduisants, à la façon des éphèbes qui prennent la pose dans les magazines. Quant aux filles, qui se sentent fragiles et craignent de ne pas être assez attrayantes, elles aspirent à être protégées.

Angoisse et introversion

Ces jeunes ont grandi dans des familles qui ont tenté tant bien que mal de les tenir à l'abri de la crise qui frappe le Japon, et de leur masquer la dure réalité d'une société brutalisée par la mondialisation. Les parents – et surtout les mères – ont essayé de ne pas faire ressentir à leurs enfants les problèmes qu'ils rencontraient, quitte à utiliser des placebos matériels : les jouets ne se vendent jamais aussi bien qu'en période de crise. Résultat : les jeunes ne sont pas armés pour affronter la dureté du monde qui les entoure, mais qu'ils ne découvrent qu'à présent, sur le tard. Ils se rendent soudainement compte que ce qui ne devait pas leur arriver leur arrive bel et bien. Ils ont l'instabilité en horreur, et l'impression que plus ils s'éloignent du foyer parental, plus ils se mettent en danger. D'où leur faible appétence pour les longs séjours hors de l'archipel – notamment dans les universités étrangères – et leur tendance *uchi-muki* (introversion). L'entrée dans un univers social plus rude qu'attendu les angoisse excessivement, et les pousse à survaloriser des modèles rassurants : mariage, emploi à vie, famille à proximité, assurance sociale, retraite minimale garantie… tout un repli sur les valeurs conservatrices qui avait disparu dans les années 1970-1980.

L'anxiété permanente à laquelle sont sujets les jeunes Japonais actuels affecte leur capacité à se créer une identité propre, ce qui pousse à rechercher des substituts. Ces substituts peuvent être des objets, dont la consommation se fait alors sur un mode obsessionnel – comme c'est le cas chez les *otaku*, déjà évoqués. Au lieu de se forger une personnalité dans un cadre familial, professionnel et social, ces « fans obsessionnels » se réfugient dans un univers artificiel peuplé de créatures auxquelles ils vouent une véritable idolâtrie (jeunes chanteuses jetables et autres figures féminines du show-biz, héros et héroïnes de mangas ou de films d'animation, jeux vidéo), et dans des communautés construites pour l'essentiel sur Internet, au sein desquelles ils peuvent s'adonner autant qu'ils veulent à leurs diverses monomanies. Il s'ensuit chez eux une consommation égocentrique et compulsive qui fait le bonheur des marketeurs de tout poil, qui sont nombreux à disserter sur les opportunités que leur offrent les multiples variétés d'*otaku*. Des clients pas comme les autres : meilleurs !

Le monde extérieur apparaissant de plus en plus incertain, voire dangereux, la tendance à rester à l'abri chez soi s'amplifie, sans même parler du cas extrême des jeunes *hikikomori*, reclus dans leur chambre où ils ne décollent de devant leur ordinateur que pour aller prendre le plateau-repas que maman dépose devant leur porte à heure fixe. Selon une étude réalisée en 2010-2011 par le groupe de publicité Dentsu auprès de 10 000 étudiants, les deux tiers seraient des *ieha*[1] (individus qui préfèrent rester chez

1- Prononcer ié-ha. *Ie* désigne la maisonnée de type traditionnel.

eux), et un tiers seulement des *sotoha* (qui préfèrent l'extérieur). Les premiers disent passer leur temps libre à la maison, à dormir ou à se plonger dans des activités de loisirs individuelles (télévision, jeux vidéo, etc.). Les seconds, deux fois moins nombreux, passent le plus clair de leur temps à rencontrer des amis, conter fleurette ou faire du lèche-vitrine et, quand ils rentrent chez eux, ils utilisent encore leur *keitai* ou Internet pour entretenir leurs relations.

Communiquer sans trêve pour ne rien dire

L'usage intensif de ces moyens de communication ultraperformants tend paradoxalement à faire diminuer la catégorie très sociable des *sotoha*, parce que l'omniprésent *keitai* et la multiplicité infinie des sites communautaires favorisent la tendance à l'isolement. Celui-ci est en effet de moins en moins ressenti comme tel dès lors que chacun a la possibilité de correspondre avec le monde entier, d'acheter tout ce qu'il lui plaît et de donner son avis sur tout et n'importe quoi (ou n'importe qui) sans sortir de chez soi. Les jeunes Japonais nés dans les années 1980-1990 ont vu le jour en même temps que le *keitai*[1]. Aujourd'hui, il est pour eux un véritable appendice corporel, une extension sans laquelle ils n'imaginent pas pouvoir vivre. Outre qu'ils passent jusqu'à huit heures par jour rivés sur l'écran pour échanger des courriels, jouer et consulter des blogs et sites en tout genre, cette ligne de vie leur est indispensable aussi bien pour les relier

1- Sur ce point, voir Karyn Poupée, « Internet au Japon », *in Internet en Asie*, *op. cit.*

en permanence à leur(s) communauté(s) que pour faire campagne pendant toute leur dernière année d'université afin d'obtenir une promesse d'embauche.

Plus les échanges par *keitai* sont aisés, plus ils sont fréquents mais moins ils sont réels. Plus ils peuvent se faire à distance, moins ils sont charnels. Et plus ils sont denses, moins ils véhiculent d'information, remplacée par « le buzz » : les échanges – si l'on peut dire – sont surtout du genre « Dis donc, j'ai entendu un truc : tu savais que… » ou « Ah bon ? J'savais pas… » Outre le *keitai*, les filles *sotoha* sont aussi très influencées par les magazines qu'elles feuillettent dans les supérettes ouvertes 24 heures sur 24 (*konbini*), tandis que leurs congénères casanières sont surtout réceptives aux publicités télévisées et aux émissions matinales spécialement concoctées à l'intention de ces ménagères au foyer qu'elles rêvent de devenir. Du côté des garçons, les *sotoha* se laissent facilement tenter par les recommandations reçues de leurs amis *via* le *keitai*. Les *ieha*, scotchés à leur PC, se repaissent sur des forums (notamment 2-Channel[1]) de rumeurs, « coups de gueule », plus ou moins « bons plans » et autres contributions du même acabit ; ils apprécient également les programmes nocturnes des chaînes de télévision privées, au ton macho et grivois. Les *sotoha* sont ouverts aux cultures étrangères et aux voyages à l'étranger. Ce sont eux qui font depuis le tournant du siècle le succès de la vague de la culture populaire sud-coréenne tirée par les chanteurs et chanteuses de K-pop produits à la chaîne, ou qui s'enflamment pour les films de

1- Le plus important forum japonais de discussion en ligne.

Hollywood ou les vedettes sportives d'Europe et des Etats-Unis. Tout cela passe au-dessus de la tête des *ieha*, tout comme les lieux en vogue où les modes venues du monde extérieur.

S'il est vrai que « les voyages forment la jeunesse », c'est de moins en moins le cas de celle du Japon, au point que les autorités commencent à s'inquiéter de la propension de plus en plus faible des jeunes Nippons à découvrir le monde et à acquérir une expérience à l'étranger. En témoigne la chute drastique du nombre d'étudiants japonais dans les universités des Etats-Unis ou d'ailleurs, alors qu'elles sont prises d'assaut par les Chinois, qui ont aujourd'hui un peu l'état d'esprit qu'avaient les jeunes Japonais des années 1970.

Majeurs, mais pas adultes

Au Japon, la majorité ne s'acquiert qu'à l'âge de 20 ans. Elle confère de nouveaux droits et devoirs, comme partout. Mais si, pour un jeune Français, majorité va de pair avec « droit de vote », pour la moitié des jeunes Japonais, c'est le droit de boire légalement de l'alcool qui symbolise le mieux leur nouvelle liberté, selon les sondages. Le droit de vote, ils y pensent aussi, bien sûr, mais en deuxième ou troisième position (33,8 %).

Il est frappant de constater que la plupart des jeunes Japonais de 20 ans estiment qu'ils ne sont pas encore adultes. En outre, la moitié d'entre eux disent ne pas avoir de modèle adulte dont ils pourraient s'inspirer

– ce qui leur permet de se complaire dans le rôle d'enfants attardés. Passé 25 ans, voire 30 ans, ils sont encore bien souvent plus ou moins dépendants de leurs parents au plan économique et se sentent immatures du point de vue psychologique – bref, inaptes à évoluer sereinement dans une société aux consignes strictes, et qui accorde traditionnellement le respect et les responsabilités en fonction de l'ancienneté.

Être vraiment adulte, c'est se sentir capable de s'assumer. L'être officiellement, pour beaucoup de jeunes Japonais, n'est rien de plus qu'un simple changement de statut administratif, assorti de quelques avantages, comme le droit à l'alcool et celui de posséder une carte bancaire. Pour le reste, faute d'avoir leur indépendance financière, la plupart sont forcés de vivre aux crochets de leurs parents, si possible en continuant d'habiter dans la maison de famille. Parfois appelés *parasite singles*[1], ces jeunes n'ont pas le choix. L'accès à un logement leur est quasiment interdit en raison des conditions draconiennes imposées par les bailleurs. Devoir ainsi dormir chez ses parents, en général très conservateurs, ne facilite pas les relations amoureuses, sauf à recourir aux structures payantes *ad hoc* – les *love hotels*. Ce problème et la difficulté à obtenir un travail stable et rémunérateur conduisent 75 % des jeunes Japonais de 20 ans à ne pas avoir de petit(e) ami(e) ni de relations sexuelles suivies, et plus de 45 % des 30-34 ans à être toujours célibataires.

1- En anglais dans le texte : « célibataires parasites ». L'équivalent de nos « Tanguy ».

L'Empire du how to

L'une des principales caractéristiques de ces jeunes est la mauvaise opinion qu'ils disent avoir d'eux-mêmes et le fait qu'ils affirment n'avoir absolument pas confiance en eux. A la question « Pensez-vous être un bon à rien ? », deux tiers des lycéens japonais répondent « Oui » sans sourciller, contre seulement 22 % de leurs homologues américains et à peine 13 % des Chinois. Même en faisant la part de la traditionnelle posture de modestie qu'adoptent souvent les Japonais, le fait est que ces jeunes ont une peur bleue de mal faire, de mal se comporter.

Il s'ensuit qu'ils évitent la moindre prise de risques – tout comme leurs aînés, d'ailleurs. Le Japon est le royaume des consignes pour tout, pour tous et à tout moment : dans les couloirs du métro et sur les quais des gares, des marques de pas sur le sol indiquent où l'on doit poser les pieds pour ne pas créer de bouchons ni gêner autrui. En respectant ces marques, on se décharge par avance de toute culpabilité en cas de problème. Rien d'étonnant si le Japon est aussi le royaume des livres *how to* : « comment faire », pour tout et n'importe quoi. Pour les éditeurs, le filon est inépuisable. Et ces multiples ouvrages qui expliquent comment se faire des amis, trouver un bon travail, faire fortune ou – plus généralement – avoir une vie heureuse évitent aux jeunes (et aux autres) l'effort angoissant de trouver eux-mêmes leur voie alors qu'ils ne s'en sentent pas capables.

Baignant dans ce milieu infantilisant et éduqués selon des méthodes qui font largement appel à l'apprentissage par cœur et à la répétition, les jeunes Japonais cherchent les réponses à toutes leurs questions dans des consignes qu'une autorité supérieure leur donnera, ou des instructions qu'un expert leur fournira. Mais s'ils se conduisent ainsi, c'est que la société n'attend pas d'eux qu'ils fassent autrement. Les discours officiels émanant tant des autorités que des organisations patronales ont beau vanter l'avènement d'un Japon où « chacun pourra développer pleinement son potentiel personnel », dans la réalité un jeune salarié qui prend un peu trop d'initiatives sera vite mal perçu, aussi bien par ses collègues du même âge plus prudents que par ses supérieurs, auxquels il revient de lui dire ce qu'il doit faire, et comment.

II – Les jeunes Japonais et le travail

Shushoku katsudô : *mission « Recherche d'Emploi »*

Alors que, jusqu'aux années 1980, les entreprises nipponnes se disputaient littéralement les jeunes recrues, il est aujourd'hui plus difficile d'entrer d'emblée dans une société avec un emploi stable, et la compétition est forte. Toutefois, par comparaison avec la plupart des autres pays développés, la situation n'est pas aussi dramatique que les intéressés, les médias ou les autorités le disent. Le taux de chômage n'a jamais dépassé 5,5 % au plus fort de la crise

(4,3 % en 2013), et 80 % des jeunes Japonais ont beau dire qu'ils se font du souci pour leur avenir professionnel, en réalité, beaucoup d'étudiants ou d'élèves des écoles spécialisées obtiennent une promesse d'embauche avant même d'avoir terminé leur cursus.

La recherche d'emploi occupe l'essentiel de la quatrième année d'université, qui est la dernière pour l'immense majorité des étudiants nippons. Chaque année, dès janvier, les étudiants de troisième année – qui n'achèveront pourtant leur cursus que quinze mois plus tard, en mars de l'année suivante – se mettent déjà activement en campagne. Avec l'accord tacite de leur université, plutôt qu'aux cours, ils assistent à d'innombrables séances de présentation organisées par les entreprises, qui vont embaucher au 1er avril des jeunes par centaines ou par milliers.

Elles en annoncent le nombre en janvier (450 000 au total en 2012). Dès ce moment, plus de 70 % des étudiants de quatrième année ont généralement déjà trouvé leur futur employeur, et même dans les pires années, ils sont plus de 90 % quand ils reçoivent leur diplôme fin mars. Mais ces chiffres ont beau être du domaine de la science-fiction dans de nombreux pays, à commencer par la France, les jeunes n'en subissent pas moins une pression énorme pour décrocher une promesse d'embauche le plus tôt possible, et dans les sociétés les plus cotées. Cette pression ne peut que nuire aux études, et elle panique ceux qui sont encore bredouilles à quelques semaines de l'échéance. Une telle façon d'entrer dans la vie active a pour conséquence une vision d'emblée pessimiste du monde du travail, et elle nourrit la crainte que toute la carrière ne soit ensuite un combat permanent.

Si la plupart des jeunes récemment entrés dans la vie active se disent « plutôt satisfaits » de leur emploi, la moitié d'entre eux déclarent aussi qu'il existe un fossé entre l'image qu'ils se faisaient de leur entreprise avant d'y entrer et la réalité qu'ils vivent : heures supplémentaires trop nombreuses, salaire inférieur à leurs attentes, difficulté à prendre les congés payés auxquels ils ont droit. Ils sont peu nombreux à s'imaginer rester dans la même société jusqu'à la retraite. De fait, environ un tiers des nouvelles recrues quittent leur entreprise dans les trois ans suivant leur embauche, à commencer par les filles qui se marient ou qui ont leur premier (et souvent unique) enfant.

La sécurité pour toute ambition

Pour 85 % des jeunes Japonais, la finalité première du travail est de gagner sa vie. S'épanouir au sein de l'entreprise, ils n'y croient pas trop. Ils affirment souvent ne pas avoir de vraie motivation et ont de plus en plus tendance à opter pour la voie la plus sûre, fût-elle à l'opposé de leurs réelles aspirations. C'est que les cohortes qui sont entrées dans la vie active depuis le début des années 2000 et jusqu'à aujourd'hui ont tiré la leçon du fiasco de celles qui les avaient précédées. Ces dernières, ayant vu une foule de *salarymen* qui avaient tout sacrifié à leur entreprise depuis des lustres perdre brutalement leur travail pour cause de crise, ont souvent opté pour des métiers créatifs en *free lance*, ou pour le mode de vie *freeter* (une succession de petits boulots, qu'il n'est jamais difficile de trouver au Japon). Mais ce choix a souvent abouti à une impasse, résumée cyniquement aujourd'hui par la formule : « Qui a été *freeter* restera *freeter* ou deviendra *neet*[1]. »

Ce constat incite les jeunes Japonais d'aujourd'hui à la prudence. Beaucoup ne souhaitent rien d'autre qu'un bon vieux poste de *salaryman* à vie – ou plus sûr encore : la fonction publique, et si possible dans leur région natale chérie plutôt qu'à Tôkyô. Presque 20 % des jeunes gens interrogés en 2012 par la société d'études Macromill voulaient ainsi devenir fonctionnaires ; ils étaient les plus nombreux, devant ceux qui souhaitaient devenir ingénieurs/techniciens dans le privé (15 %) ou salariés d'une entreprise de services. Cette génération qui, dès 20 ans, avoue craindre de ne pas percevoir de pension de retraite le moment venu, recherche avant tout un emploi en béton. Et ceux qui font le choix moins sûr du secteur privé ont beau affirmer qu'ils ne craindraient pas de changer plusieurs fois d'entreprise, en pratique ils se révèlent velléitaires et incapables d'en courir le risque.

A parcourir les rayons des librairies, où trônent toujours en bonne place les bréviaires de Konosuke Matsushita, le fondateur de Panasonic, ou de son *alter ego* de Sony, Akio Morita, l'on perçoit que le

1- *NEET : Not in employment, education or training.*

Japon a la nostalgie de ces capitaines d'industrie qui ont contribué à sa dynamique jusqu'aux années 1980. La tendance des jeunes à se réfugier dans des emplois le plus sûrs possible et au plus près de leur *furusato* (région natale) exaspère certains patrons. Tadashi Yanai, fondateur et PDG d'Uniqlo, qui est était en 2013 le plus riche Japonais et le seul à figurer parmi les cent plus grandes fortunes mondiales, exhorte la jeune génération à « sortir de chez elle », à aller se déniaiser à l'étranger, et à oser avoir l'ambition de gravir vite les échelons. Mais, dans les faits, les jeunes qui ont l'audace d'aller étudier à l'étranger, ou de quitter un moment le Japon après leurs études pour voir un peu de pays, ont davantage de difficultés à trouver un emploi que ceux qui sont restés à l'abri dans l'Archipel, et qui ont suivi sans s'en écarter d'un iota les guides pour obtenir une promesse d'embauche.

Les jeunes et l'entreprise : le désamour

Dans un contexte de crise lancinante, les jeunes perçoivent de plus en plus les entreprises comme un univers déshumanisé, où la compétition interne exacerbée entrave l'épanouissement individuel et collectif, et dont les dirigeants sont éloignés des salariés. Le fait est là, même si, pour faire bonne figure, les nouvelles recrues continuent de participer avec plus ou moins d'ardeur aux soirées arrosées avec des supérieurs et de sacrifier leurs rendez-vous amoureux pour faire des heures supplémentaires. Beaucoup des dirigeants d'entreprise d'aujourd'hui n'y prêtent guère attention, à la différence de la vieille garde des patrons qui ont fait le « miracle japonais ». L'octogénaire M. Suzuki (les motos !), qui présidait toujours en 2013 aux destinées de son entreprise, est l'un de ces patrons à l'ancienne : lors de ses conférences de presse, il parle autant, sinon plus, de ses salariés que de ses produits. Mais ceux d'aujourd'hui, à quelques exceptions près, dissertent plutôt sur les chiffres de vente et la *customer satisfaction*, fût-elle obtenue au détriment des employés.

Alors que les entreprises nipponnes arborent fièrement une devise et ont parfois aussi leur hymne, leurs jeunes salariés ne voient pas trop le rapport avec ce qu'ils vivent au travail. Certains avouent même ne pas connaître, et encore moins deviner, la « philosophie » selon laquelle leur société est censée fonctionner.

IV – Amour(s) et mariage

Plus tard...
ou pas du tout

Dans la conjoncture de crise et d'insécurité où ils vivent, les jeunes Japonais tendent à considérer le réel d'abord sous l'angle économique et pécuniaire. Cela les conduit à privilégier le travail, qui est censé rapporter, plutôt que la vie privée, où l'on dépense. Même si les années d'université leur permettent de se détendre un peu, puisque l'obtention du diplôme est quasi automatique, et même si avoir un(e) petit(e) ami(e) sur le campus est le rêve de beaucoup, ce n'est pas là pour eux le moment ni le lieu pour trouver l'âme sœur à laquelle s'unir pour la vie. Cette quête commence en général plus tard, et n'aboutit pas toujours aussi rapidement qu'espéré.

Selon une enquête conduite en 2011 par l'agence matrimoniale Onet auprès de 900 célibataires des deux sexes âgés de 20 à 40 ans, plus de 70 % d'entre eux n'avaient pas de partenaire. Chez les garçons, la proportion était de 78 % en moyenne, et atteignait 84 % chez les plus âgés. Plus ils restent seuls longtemps, moins ils sont enclins à chercher, et de plus en plus nombreux sont ceux qui jugent ennuyeuses les relations amoureuses et s'en passent de plus en plus volontiers. Ces jeunes à la libido en berne, capables de passer plusieurs nuits avec une amie sans même être tentés de l'embrasser, ont été qualifiés par les médias d'« hommes herbivores » (*sôshuku danshi*), en raison de ce manque d'appétit charnel. Mais ce qualificatif, qu'un mâle français prendrait comme une insulte, est au contraire revendiqué par nombre des éphèbes vedettes du petit écran nippon, comme l'acteur Osamu Mukai et le chanteur Tsuyoshi Kusanagi, de l'indéboulonnable groupe de pop Smap – dont l'exemple a décomplexé toute une partie des jeunes hommes. Dans le Japon d'aujourd'hui, ne pas courir derrière les filles est *cool*.

Résultat : l'envie de se marier recule, alors que, dans toutes les générations qui se sont succédé jusqu'à celle des jeunes d'aujourd'hui, ne pas le faire était pratiquement se condamner à la marginalisation sociale. Mais aujourd'hui, les rencontres apparaissent de plus en plus difficiles, les femmes sont de plus en plus sélectives, et les jeunes hommes de plus en plus prompts à renoncer au prétexte que, pour en séduire une, il faut des occasions de rencontre qui leur manquent, de l'argent qu'ils n'ont pas, et du temps qu'ils préfèrent passer à autre chose. « Dépourvus du statut qui, selon eux, leur permettrait de nouer une relation amoureuse et manquant de confiance en eux-mêmes, ils adoptent une attitude passive qui compromet encore davantage leurs chances de trouver quelqu'un », commente un consultant d'Onet.

Le mariage : quête du statut et de la sécurité

Dans la société japonaise, on ne se marie pas tant pour vivre avec la personne qu'on aime que pour accomplir son devoir envers la communauté en fondant l'unité sociale de base qu'est un foyer. En retour, on obtient le statut – informel mais essentiel – de « membre de plein droit ». Sans ce statut que le mariage confère, presque aucun Japonais n'est assez hardi pour procréer : moins de 2 % des petits Nippons naissent hors mariage, contre plus de la moitié des petits Français.

Les jeunes Nipponnes sont particulièrement sévères pour la sélection de leur futur conjoint. L'amour compte-t-il ? Il est chic de le dire à ses amies, mais le salaire et l'emploi des *prospects* sont toujours scrutés à la loupe, puisque le but de l'opération est bien souvent de quitter son travail pour vivre avec l'argent rapporté par celui qui sera bien moins le « chef » de la future famille que son « nourricier ». Un peu ringardisé par les mouvements féministes des années 1970, ce modèle économique du mariage est revenu en force à la faveur de la crise, d'autant plus que les discours officiels sur l'« égalité des hommes et des femmes au travail » n'ont guère été suivis d'effet : pour les jeunes femmes, rien n'a vraiment changé dans les entreprises, où l'on continue, sauf exceptions, à les confiner dans des tâches subalternes, fût-ce avec des titres ronflants. Avec des perspectives professionnelles ainsi réduites pour la plupart d'entre elles, la crainte de l'avenir pousse les filles à s'entourer d'un maximum de précautions avant de convoler, quitte à préférer au garçon qui leur plaît celui qui offre le plus de sécurité au plan économique.

Les demoiselles nipponnes exigent donc un niveau de salaire et un emploi stable que très peu d'hommes jeunes possèdent. Aujourd'hui, près de 40 % des moins de 30 ans (l'âge auquel on se doit en principe d'être marié) travaillent en intérim, à temps partiel ou en CDD. Résultat : alors que la plupart des filles de 20 à 40 ans veulent se marier et que leur entourage leur met la pression à mesure qu'elles avancent en âge, beaucoup ne savent pas vraiment où ni comment trouver la perle rare. En désespoir de cause, de plus en plus d'entre elles se lancent dans une « campagne de recherche de mari » (*kekkon katsudô*), notamment en participant à des soirées de rencontre où se pressent parfois plusieurs milliers de jeunes gens, organisées par des sociétés spécialisées ou des collectivités locales qui craignent le dépeuplement.

Des enfants : en avoir ou pas ?

Dans l'enquête d'Onet citée plus haut, 34 % des hommes célibataires indiquent que, s'ils se marient, ils aimeraient que leur femme reste au foyer. Cette proportion avait baissé, mais elle remonte nettement ces dernières années, comme celle des femmes qui rêvent de rester « mères au foyer » (*sengyô shufu*). Toutefois, l'état de leur compte en banque ramène assez vite les jeunes couples à la réalité, quand ils comprennent qu'il faudra deux salaires pour boucler leurs fins de mois, surtout s'ils ont un enfant. Mais dans ce cas, il est difficile de pouvoir compter sur un mode de garde abordable, et encore moins sur la compréhension d'un employeur qui – à supposer qu'il n'ait pas montré tout de go la porte à la jeune maman – soit disposé à assouplir ses horaires ou à tolérer ses absences ponctuelles. De ce fait, même si beaucoup de couples disent souhaiter avoir deux enfants, le taux de fécondité des Japonaises est aujourd'hui inférieur à 1,4.

Avoir un enfant, c'est s'engager pour vingt ou trente ans. Dans le monde d'aujourd'hui, très peu de gens peuvent faire des plans à une échéance aussi lointaine. Dans la plupart des pays, cela n'empêche pas de faire des bébés. Mais parmi les jeunes Japonais, chez qui l'anxiété devient paralysante, de plus en plus de couples préfèrent se priver de ce bonheur par peur d'hypothéquer un avenir déjà par trop incertain. C'est une attitude responsable pour les couples qui ont du mal à boucler leurs fins de mois. Mais si ceux qui peuvent nourrir un enfant sans se saigner aux quatre veines en font autant, c'est une attitude suicidaire pour une nation déjà bien engagée sur le chemin de la dépopulation.

V – Et l'avenir ?

Le mien ?
Modeste

Le pessimisme des jeunes pour l'avenir de la société nipponne conduit la plupart d'entre eux à penser que la vie de leurs enfants sera plus dure, ou du moins pas meilleure que la leur, qui est déjà plus difficile que celle de leurs parents. Au final, ils rêvent avant tout de tranquillité et de sécurité comme le révèle une enquête de la société d'études Macromill (2012). Ils veulent « penser positivement » et « étudier et acquérir de l'expérience ». Même s'il y a des exceptions (« battre un record du monde ») ou des ambitions considérables (« devenir médecin[1] »), la plupart rêvent d'un « bonheur de taille normale » (*toshindai no shiawase*) : « être fonctionnaire, voyager à l'étranger avant de faire deux enfants, habiter un pavillon et visiter le Japon pendant les vacances », « trouver un travail à Fukushima où je suis né, me marier à Fukushima, vivre en famille à Fukushima »... La modestie de la plupart de ces ambitions permet aux jeunes Japonais d'envisager leur avenir personnel un peu plus positivement que

1- Une des professions les mieux rémunérées du Japon.

celui de leur pays. A condition toutefois d'avoir la naïveté de croire qu'ils peuvent vivre leur petit bonheur personnel même si le Japon se délite.

Mon pays : je l'aime, mais que puis-je pour lui ?

Interrogés sur le sentiment qu'ils éprouvent envers leur pays, les jeunes Japonais font souvent montre de patriotisme. Ils éprouvent une vraie fierté d'être japonais, notamment lors des compétitions sportives internationales ou quand un de leurs compatriotes s'illustre dans un domaine particulier (sciences, art). L'obtention des Jeux olympiques de 2020 par Tôkyô les comble. Ils ne sont pas disposés à céder si peu que ce soit dans les contentieux à propos des îlots disputés entre le Japon et la Chine, la Corée du Sud ou la Russie. Ils chérissent leur pays, son histoire et sa culture. On le voit, entre autres, tant à la télévision que dans le manga ou au cinéma, avec le regain du genre *jidaigeki* (drame d'époque), où l'on vante les grands hommes et les valeurs de la société japonaise avant son occidentalisation.

Pour autant, 80 % des jeunes prédisent au Japon un « avenir sombre », en raison de la conjoncture dans laquelle il se débat depuis bientôt un quart de siècle. Ils n'ont pas de solution, mais reconnaissent quand même qu'il appartient à leur génération de retourner cette situation pour faire du Japon un pays que les étrangers admirent et où ils aimeraient vivre. Pour autant, ils ne s'intéressent que très moyennement à la politique, surtout les filles (20 % contre 40 % des garçons), et guère davantage à l'économie (23 % et 44 %). Ils ne sont guère militants et s'abstiennent souvent, faute d'avoir l'impression que leurs voix peuvent changer quelque chose. Alors que 60 % des 20 à 30 ans allaient encore aux urnes dans les années 1980, ils ne sont plus désormais qu'à peine la moitié. Plus qu'au vote, ils croient au rôle des associations et se disent intéressés par des actions bénévoles ; ils le prouvent notamment pendant leurs années d'université, en participant à de multiples clubs et cercles, qui pour aider les sinistrés du 11 mars 2011, qui pour lutter contre les gaspillages, qui pour nettoyer les rues du quartier branché de Shibuya (ou dessiner des mangas, jouer de la musique ou aux échecs, faire des arts martiaux ou de la randonnée, etc.).

En 2009, la perspective d'une alternance historique, après plus d'un demi-siècle de pouvoir du Parti libéral-démocrate, les a mobilisés comme ils ne l'avaient plus été depuis longtemps. Mais ils ont été cruellement déçus, comme nombre de leurs compatriotes, par l'échec quasi total du Parti démocrate japonais (PDJ), qui a été écrasé en 2012 sans avoir tenu presque aucune de ses promesses. Vu par la plupart des jeunes Japonais d'aujourd'hui, « faire de la politique », c'est faire la chasse aux voix, mais sûrement pas montrer une voie nouvelle à la nation. Fin 2011, un étudiant me disait : « Personne n'est capable de montrer une vision pour le Japon. Dans ces conditions, le peuple ne peut pas imaginer l'avenir avec enthousiasme, et un sentiment défaitiste rejaillit sur l'économie et la diplomatie. »

Elevés dans une période de crise économique sans fin et abreuvés d'informations angoissantes sur le vieillissement de la population et la baisse du nombre des actifs, les jeunes Japonais se font déjà du souci pour leur niveau de vie et leurs vieux jours. Ce qu'ils attendent des dirigeants de leur pays, c'est la solution à des problèmes très pratiques comme l'emploi, les retraites, ou la déflation qui entrave une reprise économique durable depuis une quinzaine d'années. Toutefois – et même si les pessimistes demeurent plus nombreux que les optimistes –, le drame du 11 mars 2011 a fait comprendre à certains que leur pays était aussi fort de ses valeurs humaines, qui resurgissent dans les moments les plus difficiles, comme cela a été le cas après la défaite de 1945. Un jeune de 20 ans interrogé début 2012 me confiait : « Un an après le 11 mars, les Japonais s'efforcent de retrouver la vie d'avant. Je crois que c'est le résultat de la solidarité de notre peuple et de l'aide que nous avons reçue de l'étranger. Un pays qui est capable de réaliser de telles choses n'a-t-il pas finalement un avenir radieux ? »

Sources et références

Au 31 août 2014, on pouvait accéder directement sur Internet à presque tous les documents cités en tapant leur titre. Quand ce n'est pas le cas, l'adresse est indiquée.

Chine

Seuil de pauvreté (p. 21) : World Bank 2012.

150 millions d'enfants uniques (p. 21) : *Courrier international,* 12-01-2012.

Effectifs de la classe moyenne (p. 21) : Wang, Helen, *The Chinese Dream : The Rise of the World Largest Middle Class*, Create Space Independent Publishing Platform, 2012.

Nombre d'étudiants (p. 23) : « China Higher Education Exceed 30 millions » english. peopledaily. com. cn 11-03-2011, et Li, Yao *et al. China's Higher Education Transformation and its Global Implication*, 2008.

Dureté de la vie pour les écoliers/frais de scolarité (p. 25) : CYCRC (Chinese Youth & Children Research Center), *Chinese Youth in Transition*, 2007.

Nouveaux diplômés sans emploi (p. 26) : « New graduate unemployment rate : 17,6 % », CCTV. Com English, 30-12-2013.

Données sur les « fourmis » (p. 26) : Terence Tse et Mark Esposito, « Youth unemployment in China : A crisis in the making » http://www.cnbc.com/id/101433696.

Valeur de l'éducation (p. 29) : Lu, Josie, « Chinese youth questions worthiness of education », http://joielieu.blogpost.com/2007/01/.

Moins de 35 ans sans emploi (p. 32) : An, Guoqi, « Chinese youth's employment ». *In* Xi, Jieying *et al.* (dir.) *Chinese Youth in Transition*, Ashgate, 2006.

Dernier mot dans le couple/séparation des époux (p. 36) : Ruan Fangfu : http://www2.hu-berlin.de/sexology/IES/china.html.

Activité sexuelle, années 1990 (p. 39) : Yan, Yunxiang, *Private Life Under Socialism*, Stanford UP, 2003.

Age des « débuts » (p. 39) : William Parish *et al.*, « Sexual behavior in China », *Population and Development Review*, 2007, 33(4).

Un journaliste s'est vu répondre (p. 41) : Paul Wiseman, *USA Today*, 19-06-2002.

Virginité (p. 42) : « Virginity is still important virtue », *China. People Daily,* 08-11-2003.

Citation de Hu Jintao (p. 45) : « Hu Jintao : the cultural war », *The Diplomat*, 05-01-2012.

Définition simple des valeurs (p. 46) : http ://www.letudiant.fr/boite-a-docs/document/valeurs-et-normes-sociales-2634.html.

Divorce (p. 46) : « Govt seeks ways to reverse rise in divorce rate », *China Daily,* 31-03-2014.

Acteurs et chanteurs (p. 48) : « Why China's youth find Western culture attractive », PBS NewHour Youtube, 13-02-2012 ; « Chinese Youth Culture », https ://www.youtube.com/watch?v=sz8R0hAcTEA.

Un chercheur (p. 50) : James Farmer, *Youth Sex Culture and Market Reform in Shanghai*, Chicago UP, 2002.

Maison spacieuse et bon emploi (p. 50) : « Life in a fast lane », *Youth in China*, 17-07-2013.

Se marier avant la trentaine (p. 50) : Kenneth Foo, « Local youth keep grip on Chinese marriage values », *The Standard*, 06-02-2012.

Coût d'un mariage (p. 50) : « How much does a Chinese weeding cost ? », *ChinaHush*, 23-02 2012.

Au plan politique… (p. 52) : Duan Gang, « On the participation in politics of youth in contemporary Chinese cities », http://actuelmarx.u-paris10.fr/m4duang.html.

Inde

Sociologue hollandaise (p. 59) : Olga Nieuwenhuys, « Is there an Indian childhood », *Childhood,* 16-2-2009.

Couple indien en Norvège (p. 59) : http://www.timescrest.com/society/parent-trap-7190.

Sarada Balagopalan (p. 60) : « Children's lives and the Indian context », *Childhood*, 18-3-2011.

L'Inde a découvert sa jeunesse (p. 60) : notamment dans Indian Social Institute, *The Indian Family in the Seventies*, Sterling Publishers, 1972.

Enfance jamais aussi nombreuse (p. 60) : S. Nangia, A. Kumar, « Change in the age structure of India (1881-2001) », *Dialogue,* 6(3), 2005.

Un des premiers ouvrages (p. 61) : Indian Social Institute, *The Indian Family in the Seventies*, Sterling Publishers, 1972.

Mortalité infantile (p. 62) : « India has highest child mortality rate… », NDTV, 13-09-2012.

Citation des *Lois de Manu* (p. 65) : S. S. Wadley, « Women and the Hindu tradition », *Chicago Journals*, 1977.

Amartya Sen (p. 67) : « Un continent sans femmes », *British Medical Journal*, 7-10-2004.

Ramachandra Guha (p. 69) : « Inde : pourquoi on est plus dynamique dans le Sud », *Courrier international*, 20-09-2007.

Majorité sexuelle (p. 73) : Asha Bajpai, « The legislative framework for protection of children in India », *IHD UNICEF Working Paper Series*, WP5, 2010.

Age du mariage (p. 73) : Unicef, *Child Marriage in India*, 12-2012.

Une épouse tuée toutes les heures (p. 74) : http ://ncrb. nic. in/CII2010/home. htm.

Battre son épouse – les sondages (p. 74) : https ://nrhm-mis. nic. in/Publications. aspx, et « India's 'Ring the bell », *Hindustan Times*, 6-03-2013.

Autant de calories que leurs frères (p. 76) : http://www. econ. ucla. edu/alleras/research/papers/GenderDiscrimination March 2011.pdf.

Mallika Dutt (p. 78) : « A tipping point ? », *Times of India*, 9-07-2013.

Divya Singh Suri (p. 80) : entretien avec l'auteur, 25-07-2012.

Jeunes *dalits* (p. 81) : http://www. outlookindia.com/printarticle.aspx?278702.

Taux de scolarisation (p. 81) : img.asercentre.org/docs/Publications/ASER Reports/ASER_2012/fullaser2012report.pdf.

Rajiv Mishra (p. 83) : entretien avec l'auteur, 16-05-2012.

Akash Kapur (p. 84) : http://outlookindia.com/printarticle.aspx?278715.

Une étude de 5 000 jeunes (p. 84) : *Indian Youth in a Transforming World,* New Delhi : Sage, 2009.

Ce qu'est une bonne vie (p. 86) : MTV India Special Reports, « Why does the youth wants what it wants ? », 11-2010, et « The age of sinnocence », 04-2011.

Meena Kandasamy (p. 87) : « All aboard the slave ship », *Outlook*, 31-10-2011.

Sanjeev Jain (p. 88) : « The Indian dream will be an American photocopy », *Outlook*, 31-10-2011.

Japon

2 millions de *freeters* (p. 97) : http://www. stat.go.jp/data/roudou/sokuhou/nen/dt/index.htm.

La plupart estiment qu'ils ne sont pas adultes (p. 104) : enquête Onet 2011, http://onet. rakuten.co.jp/company/activity/report/research/vol63.html.

Pour la moitié des jeunes, c'est l'alcool (p. 104) : enquête Macromill 2012, www.macromill.com/r_data/20120105shinseijin/index.html.

75 % n'ont pas de petite amie (p. 105) : *idem.*

45 % célibataires (p. 105) : *Livre blanc* du cabinet du Premier ministre 2013 (pas disponible en ligne).

Une mauvaise opinion d'eux-mêmes… (p. 106) : enquête Benesse, http://benesee.jp/berd/aboutus/katsudou/research_column/pt_02/23.html.

80 % des jeunes Japonais ont beau dire… (p. 108) : *idem.*

78 % plutôt satisfaits (p. 109) : *idem.*

La finalité est de gagner sa vie, se penser positivement, devenir fonctionnaire (p. 109) : enquête Macromill 2011 auprès des nouveaux salariés, www.macromill.com/r_data/20110525freshman/index.html.

20 % veulent devenir fonctionnaires (p. 110) : *idem.*

900 célibataires des deux sexes (p. 113) : enquête Onet, *op. cit.*

Pour en savoir plus

(en plus des titres cités dans les références)

GÉNÉRALITÉS

Attias-Donfut, Claudine, *Sociologie des générations.* PUF, 1989.
Lagrée, Jean-Claude (dir.), *La Jeunesse en questions*, La Documentation française, 1983.

CHINE

Andreas, Joel, *Rise of the Red Engineers : The Cultural Revolution and the Origins of China New Class,* Stanford University Press (Kindle Book), 2009.
Attane, Isabelle, *Au pays des enfants rares. La Chine vers une catastrophe démographique*, Fayard, 2011.
Bonnin, Michell, *La Génération perdue*, Ed. de l'EHESS, 2004.
Buchalet, Jean-Luc, et Sabatier, Pierre, *La Chine, une bombe à retardement*, Eyrolles, 2012.
Chang, Leslie, *Factory Girls. Voices from the Heart of Modern China*, Electronic Edition Picador, 2009, 2010.
Domenach, Jean-Luc, *La Chine m'inquiète*, Perrin, 2008.
Lagrée, Jean-Charles, « Chinese youth. A new generation for new challenges », *Revue of Political Sciences* (Bratislava), 2011.
Lau, M.P., *Sexual Behavior in Modern China*, 1992.
Ruan, Fang-fi, *International Encyclopedia of Sexuality : China*, 1992, http://www2.hu-berlin.de/sexology/IES/china.html.

Si, Lian (dir.), *Ant Tribe : A Record of Inhabited Village of University Graduates*, Guangxi University Publishing House, 2009.
Si, Lian, *Ant Tribe II* : *Whose era is it,* CITIC Publishing House, 2010.
Wang, Helen, *The Chinese Dream : The Rise of the World's Largest Middle Class*, Create Space Independent Publishing Platform, 2010, 2012.
Xi, Jieyin, Sun, Yunxiao, et Xiao, Jingjian (dir.) : *Chinese Youth in Transition*, Ashgate, 2006.
Xinran, *Chinoises,* Picquier Poche, 2005.
Xinran, *Baguettes chinoises*, Picquier Poche, 2008.

INDE

Amartya Sen, *Un nouveau modèle économique, Développement, justice, liberté*, Odile Jacob, 2010.
Bénéï, Véronique, *La Dot en Inde : un fléau social ?* Karthala/Institut français de Pondichéry, 1996.
Favero, Paolo, *India Dreams : Cultural Identity Among Young Middle Class Men in New Delhi*, thèse de doctorat, Stockholm University, 2005.
Graig, Jeffrey, *Timepass : Youth, Class, and the Politics of Waiting in India*, Stanford University Press, 2010.
Manier, Bénédicte, *Quand les femmes auront disparu. L'élimination des filles en Inde et en Asie*, La Découverte, 2008.
Raju, Saraswati *et al.*, *An Atlas of Women and Men in India*, Delhi, Kali for Women, 1999.
Varma, Pavan K., *La Classe moyenne indienne*, Actes Sud, 2009.

JAPON

Anno, Moyoco, *Happy Mania*, 1995-2001, Pika [manga].
Azuma, Hiroki, *Génération Otaku. Les enfants de la post-modernité*, Hachette, 2008.
Bouissou, Jean-Marie et Otsu, Masami, *Japonais 2000, Japonais 2005, Japonais 2010,* Ecars Research, 2000, 2005, 2010.
Bouissou, Jean-Marie, *Manga. Histoire et univers de la bande dessinée japonaise*, Philippe Picquier, 2010, 2012, 2014.
Barral, Etiennes, *Otaku. Les enfants du virtuel*, Denoël, 1999.
Doi, Takeo, *Le Jeu de l'indulgence*, L'Asiathèque, 1991.
Garrigue, Anne, *Japonaises, la révolution douce*, Philippe Picquier, 2000.
Hayashi, Mariko, « Amants pour un an », *in Tôkyô Electrique*, Picquier Poche, 2006.
Jolivet, Muriel, *Un pays en mal d'enfants : crise de la maternité au Japon*, La Découverte, 1993.
Jolivet, Muriel, *Homo Japonicus*, Philippe Picquier, 2000, 2002.
Jolivet, Muriel, *Japon, la crise des modèles*, Philippe Picquier, 2010.
Mizutani, Osamu, Tsuchida, Seiki, *et al. Blessures nocturnes*, Casterman, depuis 2008 [manga].
Ogawa, Yayoi, *Kimi wa pet. Au pied, chéri !*, Kurokawa, 2000-2005 [manga].
Poupée, Karyn, *Les Japonais*, Tallandier, 2008.
Zielenziger, Michael, *Shutting Out the Sun. How Japan Created Its Own Lost Generation*, Doubleday, 2006.

Les auteurs

Jean-Charles Lagrée

Chargé de recherche au CNRS (Centre de recherche et d'analyse des politiques), professeur invité à l'East China University of Political Sciences and Law (ECULP, Shanghai). Expert sur les questions de jeunesse auprès du Conseil de l'Europe. Il a été secrétaire général de l'ESA (European Sociological Association) et de l'Association française de sociologie.

Parmi ses publications récentes : 青年与全球化：现代性及其挑战 [*La jeunesse et la globalisation. Les défis de la modernité*], Pékin, Social Sciences Academic Press, Chinese Academy of Social Sciences.

Karyn Poupée (Karyn Nishimura)

Elle vit au Japon depuis 2002, après cinq années de navette entre Paris et Tôkyô. Elle est mariée au mangaka J-P. Nishi (Taku Nishismura). Correspondante permanente au Japon de l'Agence France-Presse (AFP) et du magazine *Le Point*, elle a aussi publié aux éditions Tallandier un essai sociohistorique – *Les Japonais* (2008, 2012), Prix Shibusawa-Claudel – et une *Histoire du manga* (2010).

Ingrid Therwath

Docteur de l'IEP de Paris. Elle travaille sur les formes de mobilisation politique à distance chez les migrants indiens et leurs descendants. Journaliste, elle est responsable de l'Asie du Sud au *Courrier international* depuis 2003. Elle a enseigné à Sciences-Po. Depuis 2009, elle est chercheuse au Centre de sciences humaines de New Delhi, où elle dirige l'axe Relations internationales.

Table des matières

La jeunesse en Inde
Une question de genres

La jeunesse japonaise Une "génération perdue" ?

Imprimé à Barcelone par
CPI
BLACK PRINT
Dépôt légal : septembre 2015